Gísli Egill Hrafnsson - Inga Elsa Bergþórsdóttir

SKANDINAVIEN

LÄNDER ✽ LEUTE ✽ REZEPTE

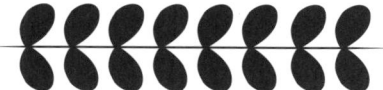

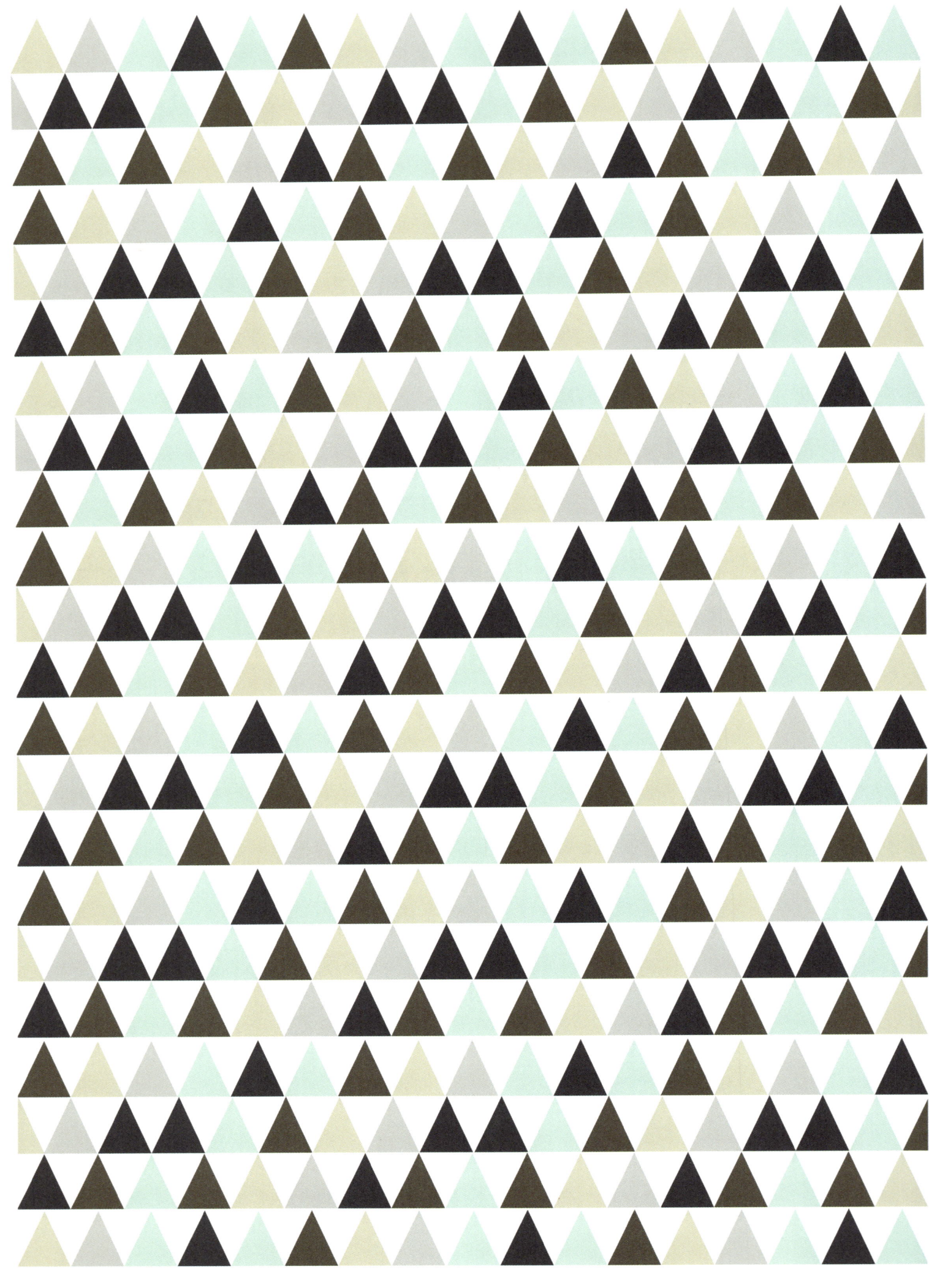

SKANDINAVIEN

LÄNDER ❀ LEUTE ❀ REZEPTE

❯❯ INHALT ❮❮

FRÜHLING – SOMMER

❯❯ ❀ ❮❮

HERBST – WINTER

VORWORT

Unsere große Leidenschaft für die nordisch-skandinavische Küche teilen wir auch gern mit anderen. Eng damit verbunden ist die Liebe zu den spektakulären Landschaften und der Natur Skandinaviens, von denen wir uns in unserer Küche immer wieder aufs Neue inspirieren lassen.

Einen großen Teil des Sommers verbringen wir in Blönduós im Norden Islands, wo sich unser Kochstudio und unser Gästehaus Brimslód befinden (www.intothenorth.is). Jedes Jahr empfangen wir dort viele ausländische Gäste, die wir – zu deren großer Begeisterung – mit den typischen Zutaten des Landes und mit unseren Spezialitäten bekannt machen.

All das hat uns veranlasst, dieses Buch zu schreiben. Wir möchten, dass auch Sie die Vielfalt der nordischen Küche entdecken. Lernen Sie mit uns die hochwertigen regionalen Zutaten und Erzeugnisse kennen und auch das, womit wir hoch im Norden viel Zeit verbringen: den Fischfang, das Sammeln von Pilzen und Kräutern, die Arbeit in unserem Gemüsegarten und vieles mehr.

In unserer Küche lassen wir uns von traditionellen Rezepten und überlieferten Zubereitungstechniken inspirieren, denn es liegt uns am Herzen, das Wissen um unser kulinarisches Erbe weiterzugeben.

Wir hoffen, dass unser Buch Ihnen Freude macht. Begleiten Sie uns auf einer Reise durch die Länder des Nordens – vielleicht besuchen Sie uns eines Tages sogar.

Inga und Gísli

DIE TRADITIONELLE SKANDINAVISCHE KÜCHE NEU INTERPRETIERT

Die Nahrung ist das, was den Menschen mit der Natur verbindet – so war es jedenfalls einmal. Doch in dem Maße, in dem die ländlichen Gebiete zunehmend verwaisen und die Städte sich ausdehnen, verliert sich die Kenntnis über regionale Nahrungsmittel an sich und deren Erzeugung – statt sich selbst zu versorgen, importiert man tonnenweise Nahrungsmittel über weite Strecken aus allen Ländern der Welt. Galten früher Saisonalität, Regionalität und Qualität als oberstes Gebot, haben heutzutage eher ständige Verfügbarkeit, niedrigste Preise und extreme Haltbarkeit von Lebensmitteln die größere Anziehungskraft.

Seit der zweiten Hälfte des 19. Jahrhunderts hat sich die Ernährung der Skandinavier stark verändert. Ihre Küche unterliegt zunehmend internationalen Einflüssen und die Unterschiede zwischen den Jahreszeiten sind kaum mehr wahrnehmbar. Doch es gibt eine Gegenbewegung: Viele Menschen, dazu gehören auch wir, sind sich dessen bewusst, dass die gesündesten und attraktivsten Zutaten jene sind, die unsere Vorfahren bereits seit Jahrhunderten verwendet haben.

Unser Bestreben ist, das Traditionelle und Echte in ein neues Gewand zu kleiden und einem zeitgemäßen modernen Leben anzupassen.

Der innovative Ansatz der neuen nordischen Küche hat weltweit Aufsehen erregt. Seine Idee besteht darin regionale, leicht verfügbare Zutaten mit überlieferten Konservierungsmethoden zu kombinieren, wodurch neue alte Gerichte entstehen. Grundsätzlich legt man in den skandinavischen Ländern Wert auf gesunde und ausgewogene Ernährung. Das bedeutet, dass vor allem frische und natürliche Produkte auf den Tisch kommen. Untersuchungen ergaben, dass die nordische Küche einzigartig und, was Gesundheit und Nährwert angeht, in gewisser Weise mit der mediterranen Küche vergleichbar ist.

Dieses Buch bietet Ihnen eine schöne Auswahl von klassischen und saisonalen Rezepten, die an das moderne Leben angepasst wurden, sowie einige ganz neue Rezepte, die auf den Prinzipien der modernen nordischen Küche basieren. Wir sind keine Profi-

köche, sondern leidenschaftliche Enthusiasten mit jahrelanger Erfahrung, die wir gern weitergeben und mit Ihnen teilen möchten.

Die Länder des Nordens werden meist unter dem Begriff „Skandinavien" zusammengefasst. Dazu gehören Dänemark, Finnland, Norwegen, Schweden und Island, das ein wenig als verlorener Vorposten in der Arktischen See gilt. Auch die Färöer und Grönland, die zum Königreich Dänemark gehören, sowie Spitzbergen, das Norwegen zuzuordnen ist, werden zu den nordischen Ländern gerechnet. Gemeinsam haben diese Länder eine ähnliche Geschichte und eine vergleichbare Kultur.
Was sie außerdem teilen ist die Art und Weise, wie man sich das Beste, das die teilweise unwirtliche Natur zu bieten hat, zunutze macht. Die Regionen in Nordpolnähe zeichnen sich durch lange, dunkle Winter, Polarlichter und strenges Klima aus. Die Sommer sind kurz, kühl und hell. In den südlicheren Gebieten ist der Unterschied zwischen den Jahreszeiten weniger drastisch. Die Bewohner erfreuen sich längerer Sommer, und der Winter beginnt zwei Monate später als in den nördlichen Gefilden.

Alltag und Ernährung der Skandinavier werden sehr stark von den klimatischen Bedingungen geprägt. Gleiches gilt für das Verarbeiten und Haltbarmachen (Einsalzen, Einlegen, Räuchern) von Lebensmitteln. Der Anbau von Getreide und Gemüse ist wegen des Klimas und der Bodenbeschaffenheit nur eingeschränkt möglich. Aus all diesen Gründen war in der Vergangenheit die Auswahl der Nahrungsmittel begrenzt und daran hat sich im Lauf der Jahrhunderte kaum etwas geändert.

Seit dem Mittelalter intensivieren sich die Handelsbeziehungen zwischen den nördlichen Gebieten und dem restlichen Europa. Im Jahr 1650 folgt der Güteraustausch zwischen Skandinavien, China und Ostindien sowie Kolonien in den Tropen (Karibik, Afrika) und Skandinavien importiert von dort Gewürze, tropische Früchte und Tee. Die Zubereitungsmethoden wurden jedoch überwiegend aus Nachbarländern wie Deutschland, Frankreich und den baltischen Staaten abgeschaut und nachgeahmt. So wurden zahlreiche

Speisen der Nachbarländer in Skandinavien zu Nationalgerichten, die man nach und nach den örtlichen Gegebenheiten (wie der Verfügbarkeit von Zutaten) anpasste. Infolgedessen verbreiteten sich viele Gerichte und Rezepte aus anderen Ländern in den nordischen Küchen.

Bis zu Beginn des 20. Jahrhunderts waren allerdings nur Adel, Klerus, Kaufleute und Menschen der Oberschicht reich genug, um sich aufwendige Gerichte mit teuren Gewürzen und seltenen Zutaten leisten zu können.
Die Landbevölkerung musste dagegen mit dem Vorlieb nehmen, was die Natur hergab. Ackerbau war nur unter schwierigsten Bedingungen möglich und außerhalb der Schlachtsaison wurde nur gelegentlich zu festlichen Anlässen ein Tier getötet, damit frisches Fleisch auf den Tisch kommen konnte. Wer das Glück hatte, am Meer zu wohnen, konnte Fischfang betreiben, und diejenigen, die in bewaldeten Regionen lebten, hatten die Möglichkeit auf die Jagd zu gehen, um Wild zu erlegen.

❋ ISLAND

Island liegt im nördlichen Atlantik, unmittelbar unterhalb des nördlichen Polarkreises. Genauer gesagt, befindet sich die Insel auf dem Mittelatlantischen Rücken, wo der nordamerikanische und der europäische Kontinent auseinanderdriften. Ein Hotspot im Süden verursacht regelmäßige Vulkanaktivitäten. Die gut 330 000 Einwohner Islands leben auf einer Fläche von rund 103 000 km² (Deutschland ist mehr als dreimal so groß). Ein Zehntel der Insel ist von Gletschern bedeckt, die Hälfte ist bar jeder Vegetation. Geothermie, Geysire, Vulkane, Flüsse, Lavafelder und Wüsten aus schwarzem Sand sind allgegenwärtig. Dank eines Golfstrom-Ausläufers, der die Süd- und Westküste umspült, erfreut sich Island eines gemäßigten Meeresklimas. Während des zwei- bis dreimonatigen Sommers wird es nicht dunkel.

Nur ein geringer Teil Islands kann bewirtschaftet werden. Die Menschen leben vom Fischfang, von dem, was der Boden hergibt und traditionell von der Schafzucht. Im Süßwasser der Seen und Flüsse gedeihen Lachs, Forelle und Saibling. Die Küstengewässer sind dagegen reich an Fischen wie Kabeljau, Schellfisch, Hering, Makrele und Seehecht – der Fischkonsum der Bevölkerung ist Weltspitze.

Grundpfeiler der isländischen Küche sind Schaffleisch, Fisch und Milchprodukte. Aus dem Fleisch der Schafe werden Wurstwaren hergestellt. *Hangikjöt* (wörtlich: hängendes Fleisch – soll heißen geräuchertes), meist ein Lamm, wird häufig zu Weihnachten oder an besonderen Festtagen gegessen. Dazu gibt es *flatbraud*, Fladenbrot aus Roggenmehl. Mutige lassen sich weder gekochten Schafskopf (*svid*) noch in Molke gegarte Hammelhoden (*sursadir hrútspungar*) entgehen. Zu den Fischspezialitäten gehören geräucherter oder

marinierter Lachs, eingelegter Hering und getrockneter Kabeljau, außerdem fermentierter Hai mit dem Schnaps *Brennivin*. *Hardfiskur*, eine Art getrockneter Fisch (Kabeljau oder Schellfisch), wird seit dem 14. Jahrhundert anstelle von Brot gegessen und ist nach wie vor sehr beliebt. (Wegen der Klimaabkühlung musste der Anbau von Gerste seinerzeit aufgegeben werden.) Bei Milchprodukten handelt es sich oft um Käse, vor allem Blauschimmelkäse wie den aus *Akureyri*. Er wird mit Vollkornbrot aus Gersten- oder Roggenmehl genossen. *Skyr*, eine Art Quark, ist cremig gerührt, gesüßt und mit frischen Beeren besonders köstlich. Brot kommt in Island in vielen Formen daher. Außer dem erwähnten Fladenbrot ist *rugbraud* sehr beliebt. Das süßliche Roggenbrot heißt *hverabraud*, wenn es in heißen Quellen gegart wird (siehe Seite 50).

In der Vergangenheit waren Getreide und Mehl teuer, weshalb Rüben und Kartoffeln – auch heute noch – Grundnahrungsmittel sind. Von den essbaren Pflanzen wurden und werden insbesondere Engelwurz und Beeren, darunter Rauschbeeren und Schwarze Krähenbeeren, verzehrt. Erwähnenswert ist vielleicht noch, dass die Isländer Algen und Flechten essen, indem sie Brotteige, Suppen und Breie damit anreichern. Neben dem Trocknen war auch das Räuchern eine Methode zum Konservieren von Lebensmitteln, doch Holz war knapp. Also ersetzte man es durch getrockneten Schafdung und räucherte damit Fische und Fleisch wie *hangikjöt* (siehe links). Eine weitere Konservierungsmethode, das Fermentieren, diente zum Haltbarmachen von Rochen, Hai und auch Eiern. Die Klimaerwärmung in den vergangenen Jahrzehnten hat den Anbau von Getreide, diversen Nutzpflanzen und auch Obstbäumen in Island möglich gemacht.

✳ DÄNEMARK

Dänemark ist das südlichste der nördlichen Länder und das Bindeglied zwischen Kontinentaleuropa und der Skandinavischen Halbinsel. Das kleine Königreich besteht aus drei Ländern: Dänemark, den Färöer Inseln und Grönland. Dänemark setzt sich zusammen aus der Halbinsel Jütland und zahlreichen kleinen Inseln. Im Westen grenzt es an die Nordsee, im Osten an die Ostsee. Das ganze Land ist überwiegend flach. Dank des warmen Golfstroms erfreut sich Dänemark eines gemäßigten Klimas mit milden Sommern und kalten, feuchten, stürmischen Wintern.

Trotz der mageren Böden sind Ackerbau und Viehzucht die Grundpfeiler der dänischen Wirtschaft. An erster Stelle steht der Getreideanbau: Hafer, Roggen, Weizen, Gerste sind die Getreidearten, die dort gut gedeihen. Es folgen Rüben und Kartoffeln. Viehzucht (Schweine und Rinder) ist wegen des Exports von Fleisch- und Milchprodukten (Fleisch, Speck, Butter, Milch) eine der Haupteinnahmequellen des Landes. Eine ökonomisch bedeutsame Rolle spielen auch Fische, die im Meer sowie in Flüssen und Seen reichlich herumschwimmen. Vor allem Aal, Karpfen, Forelle, Lachs, Kabeljau und Hering stehen regelmäßig auf dem Speisezettel.

Die dänische Küche ist stark von der bäuerlichen Tradition geprägt – man lebte von der Landwirtschaft und dem, was die Bauern produzierten. Kartoffeln, gepökeltes oder geräuchertes Schweinefleisch und Brot wurden überall verzehrt. In den Speisekammern bewahrten die Familien trockene Zutaten auf: Roggen für Brot, Gerste für Bier, Trockenerbsen für Suppe. Reichhaltige Mahlzeiten halfen, dem rauen Klima standzuhalten.

Im Lauf der Zeit entwickelten die Dänen aus einfachen belegten Broten das mittlerweile weltberühmte *smørrebrød*, gebutterte Brotscheiben, die mit einer Vielzahl feiner Zutaten belegt werden: Fisch, Fleisch, Aufschnitt, Käse, Rührei, rohem und gekochtem Gemüse, Kartoffeln und mehr. Das Geheimnis des Smørrebrøds liegt in Auswahl und Zusammenstellung sowie im kunstvollen Anrichten der Zutaten, die schlicht, aber köstlich sein müssen (siehe Seite 56).

Dänen sind wahre Bierliebhaber. Eine Tradition, die auf die Zeit der Wikinger zurückgeht. Ein Smørrebrød ist ohne ein Glas Bier als Begleitung nicht vollständig, gern wird auch noch ein *snaps* (Kräuterschnaps) dazu getrunken. Und Dänen sind sehr gastfreundlich. Zu besonderen Anlässen laden sie Freunde und Familie ein. Man speist gemeinsam an einer großen Tafel, die ansprechend dekoriert und von Kerzen illuminiert ist. Alle verbringen einen angenehmen Abend in herzlicher, freundschaftlicher Atmosphäre.

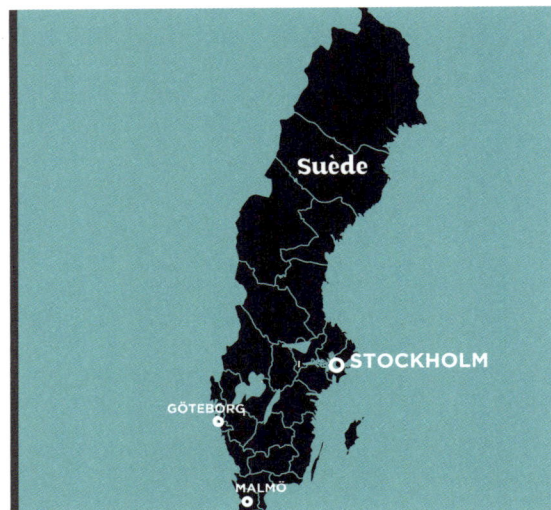

❋ SCHWEDEN

Schweden ist von knapp 10 Millionen Menschen bevölkert und liegt auf dem östlichen Teil der Skandinavischen Halbinsel zwischen Norwegen und Finnland. Im Süden verbindet die Öresundbrücke das Land mit Dänemark. Im Osten grenzt Schweden an die Ostsee und den Bottnischen Meerbusen, im Westen bilden die sogenannten „Skandinavischen Alpen" die Grenze zu Norwegen.

Was die Fläche betrifft, ist Schweden das fünftgrößte Land Europas. Die Hälfte davon ist von Wäldern bedeckt, in denen Rentiere, Elche, Rehe, Hasen und Alpenschneehühner leben. Vor der sehr langen, zerklüfteten Küste liegen zahllose Inseln und das Binnenland ist geprägt von fischreichen Seen. Kabeljau, Makrele und Hering spielen in der Ernährung eine wichtige Rolle, aber auch Forelle, Lachs, Barsch und Saibling.Aufgrund der nördlichen Lage und der Ausdehnung des Landes (1600 km von Norden nach Süden) gibt es in Schweden erhebliche Klimaunterschiede. Die Küsten im Süden werden vom Golfstrom gewärmt, während im Norden die Winter genauso lang und streng sind wie in Norwegen.

Im Sommer bieten Schwedens Wälder reichlich Pilze und Beeren wie Himbeeren, Heidelbeeren, Brombeeren, Moltebeeren, Hagebutten, die in den Speisekammern als Vorräte für den Winter gehortet werden. Tiefkühlgeräte machen die Bevorratung für viele Nahrungsmittel zwar vielfach leichter, haben die Konservierungsmethoden für Lebensmittel und den Geschmack der Schweden jedoch nicht verändert; nach wie vor werden Lebensmittel wie in alten Zeiten überwiegend mit Salz und Essig haltbar gemacht.

Die alltäglichen, eher schlichten und deftigen Gerichte der schwedischen Küche bestehen größtenteils aus eingesalzenen, geräucherten oder fermentierten Zutaten. Diese häufig pochierten, kaum gewürzten Speisen wurden den Bedürfnissen des modernen Lebens angepasst (so wurde die Zubereitung vereinfacht sowie frisches Obst und Gemüse hinzugefügt).

Zu den bekannten typischen Gerichten gehören Hackfleischklößchen (*köttbullar*) mit Preiselbeerkompott, Fischfrikadellen, Erbsensuppe, der berühmte Auflauf „Janssons Versuchung" (*Janssons frestelse*; Rezept siehe Seite 187) aus Kartoffeln, Zwiebeln und Sardellen, verschiedene Lachszubereitungen, Kohlrouladen und andere Gerichte mit Fisch und Fleisch. Fast immer werden dazu Rüben, Kartoffeln, Möhren, Kohl, Äpfel und Beeren gereicht.

Das berühmte Büfett *smörgasbord* (*smörgas* = Butterbrot, *bord* = Tisch), das es bereits im 16. Jahrhundert gab, ist im Ausland zum Sinnbild der schwedischen Küche geworden. Früher bestand es aus gebutterten Brotscheiben, die mit Käse oder Hering belegt waren. Mit der Zeit wurde daraus ein zunehmend aufwendiges Büfett mit einer Vielzahl von heißen und kalten Speisen wie *sill* (eingelegter Hering), *Gravlax* mit Senfsauce (Gravad Lax; siehe Seite 128), Weihnachtsschinken (siehe Seite 184), Pasteten, Fleischklößchen oder Janssons Versuchung. Zum Abschluss gibt es süße Speisen wie Milchreis mit Mandeln (siehe Seite 192) und Kaffee.

❀ FINNLAND

Die Republik Finnland liegt im Nordosten Europas und zählt mit Island zu den nördlichsten Ländern der Erde. Im Westen wird es vom Bottnischen, im Süden vom Finnischen Meerbusen begrenzt. Ein Drittel des Landes befindet sich oberhalb des Polarkreises. Daher leben seine 5 Millionen Einwohner überwiegend an den Küsten sowie im Süden, wo auch die Hauptstadt Helsinki ist. Im Norden hingegen kommen kaum ein oder zwei Einwohner auf einen Quadratkilometer.

Wegen der nördlichen Lage des Landes sind die Winter lang und streng, die Sommer kurz. Zu 65 Prozent ist Finnland von Wäldern bedeckt. Sie bestehen größtenteils aus Kiefern, Fichten und Birken und beherbergen u. a. Elche, Hirsche, Hasen, Rebhühner, Tauben und Wildgänse. Mit seinen 4500 Kilometern Küste und etwa 60 000 Seen ist Finnland ein Paradies für Angler – es gibt Meerforellen, Zander, Lachse, Saiblinge und Seeteufel im Überfluss. Fisch und Wild nehmen einen bedeutenden Platz in der traditionellen finnischen Küche ein.

Seit dem Mittelalter war Finnland in schwedischem Besitz und von 1809 bis 1917 war das Land russisches Großherzogtum – das erklärt zweifellos, warum die finnische Küche (abgesehen von schwedischen Einflüssen) stark slawisch geprägt ist.
Das Frühstück ist eine vollständige Mahlzeit mit reichlich Aufschnitt, Käse, Eiern, Fisch, Obstsalat usw. Bis zum reichhaltigen Abendessen, das zwischen 17 und 18 Uhr eingenommen wird, isst man häufig nichts oder nur einen kleinen Imbiss. Suppen und Schmorgerichte sind typische Alltagsgerichte. Außerdem ist Fisch, egal ob geräuchert, leicht gesalzen, pochiert, gegrillt oder eingelegt, sehr beliebt. Es gibt zahlreiche Lachs-

gerichte, beispielsweise geräucherten und marinierten Lachs mit Sauce, Gravlax und Lachssuppe.

Das finnische Nationalgericht, das Rentierragout *poronkäristys*, wird mit Püree und Preiselbeerkompott serviert. Beliebt sind auch Rentierzunge, Rentierbraten sowie geräuchertes und getrocknetes Rentierfleisch. Ebenso gern isst man Elchfleisch, doch Elche sind seltener als Rentiere. Auch Federwild wird sehr geschätzt, etwa das Alpenschneehuhn, das mit einer Sahnesauce zubereitet wird.

Wie in den anderen skandinavischen Ländern ist es auch in Finnland gestattet, dass man sich an den Gaben der Natur bedient. So schwärmen im Juli und August die Finnen aus, um Beeren und Pilze zu sammeln. Sehr beliebt sind Preisel- und Moltebeeren sowie Cranberrys (Großfrüchtige Moosbeeren). Traditionelle Gerichte werden häufig mit Kräutern und Sprossen (z. B. Tannenknospen) und Wacholderbeeren aus den Wäldern aromatisiert.

Zu fast jedem traditionellen Alltagsgericht gehören Kartoffeln, aber auch Weißkohl und allerlei Rüben kommen häufig auf den Tisch. Brot (Roggen-, Weizen-, Gersten- oder Haferbrot) wird in Finnland zu jeder Mahlzeit gereicht. Sehr gern isst man *reikäleipä*, ein flaches Roggenbrot mit einem Loch in der Mitte. Die feinere Variante, das berühmte Knäckebrot *näkkileipä*, wird zum Frühstück genossen.

Was Getränke angeht, steht fermentierte Milch hoch im Kurs. Außerdem sind Finnen leidenschaftliche Kaffeetrinker – und finnischer Wodka hat einen ausgezeichneten Ruf.

NORWEGEN

Norwegen liegt auf dem westlichen Teil der Skandinavischen Halbinsel und blickt weit über den Ozean. Auch die arktischen Inseln von Spitzbergen sowie die Insel Jan Mayen gehören zu Norwegen. Im Osten grenzt das Land an Schweden, Finnland und Russland.

Die Landschaft ist abwechslungsreich. Die Küsten werden von zahlreichen Fjorden unterbrochen, alte Talgletscher, in die das Meer eingedrungen ist. Den Küsten vorgelagert sind zahlreiche Inseln. Aus der Luft erkennt man, dass Norwegen sich von Süden nach Norden erstreckt – ein langes Band voller Gipfel, Hügel und Seen.

Trotz der Höhenlage des Landes ist das Klima dank des mildernden Einflusses des Golfstroms gemäßigt. Je weiter man ins Landesinnere kommt, desto höher sind die Temperaturen. Im Norden, in der Finnmark, hingegen herrscht subarktisches Klima. Landwirtschaft ist in Norwegen fast unmöglich, einerseits wegen des Bodens (70 Prozent der Fläche sind für den Ackerbau ungeeignet), andererseits wegen der im Norden herrschenden Ungleichheit von Tagen und Nächten – von Mai bis August geht die Sonne in der Finnmark nicht unter. Die Saison für die Landwirtschaft ist kurz und lässt zumindest im Süden den Anbau von Getreide (Hafer, Gerste, Weizen) zu. Die Kartoffel wurde sozusagen zum Nationalgemüse erklärt. Schon immer ist der Sommer die beste Jahreszeit: es wird geerntet, und man legt Vorräte an. Letztere müssen großzügig bemessen sein, schließlich muss man mit ihnen in Erwartung des nächsten Sommers den langen Winter überstehen.

Die Fischerei stellt einen großen Trumpf dar, denn die Fjorde und Gewässer Norwegens bieten Fisch im Überfluss. Kabeljau, Makrele, Hering, Sardinen und Lachs sind sehr beliebt. Norweger essen Fisch in jeder erdenklichen Form: heiß, kalt, gegrillt, gesalzen, geräuchert, getrocknet, mariniert. Populäre Gerichte sind fermentierte Forelle (*rakfisk*) und *lutefisk*, eingesalzener Kabeljau, der mehrere Tage lang erst in einer alkalischen Lösung und dann in Wasser eingeweicht wird. Ansonsten werden Kabeljau und eingesalzener Kabeljau mit wenigen Gewürzen in Wasser gegart und mit gekochten Kartoffeln und Gemüse serviert (eingesalzener Kabeljau und Stockfisch sind wichtige Exportgüter Norwegens).

Räucherlachs ist vermutlich das im Ausland bekannteste norwegische Gericht. *Gravlaks*, in Zucker, Salz und Dill marinierter Lachs (siehe Seite 128), ist sowohl in Norwegen als auch in den anderen nordischen Ländern sehr verbreitet.

An Feiertagen und zu besonderen Anlässen wird in Norwegen häufig Wild aufgetischt. Einige der Gerichte wirken geradezu exotisch: Rentier, Ente, Alpenschneehuhn und anderes Federwild werden häufig mit dickflüssigen, wacholderwürzigen Saucen und Konfitüren aus wilden Beeren serviert.

Jede Region hat ihre eigene Wurstspezialität. Die berühmtesten sind *fenalar* (eingesalzenes und getrocknetes Lamm) und *morr*, eine geräucherte Wurst.

Die bekanntesten Käsesorten sind Jarslberg® (ein Hartkäse) und *brunost*, ein Ziegen- oder Kuhmilchkäse mit braunem, karamellisiertem Teig.

Die zahlreichen norwegischen Süßspeisen basieren auf Obst und wilden Beeren, die im nördlichen Klima langsam reifen und sehr aromatisch sind. Rote Grütze (*rödgröd*) ist in allen skandinavischen Ländern bekannt und beliebt.

HAUPTZUTATEN DER NORDISCHEN KÜCHE

Im Prinzip sind es die Grundzutaten, Gewürze und Garmethoden, die den Charakter einer Landesküche ausmachen. Viele der in der nordischen Küche verwendeten Zutaten stammen direkt aus der Natur oder werden unter schwierigen klimatischen Bedingungen angebaut. Die Landschaft Skandinaviens ist kontrastreich: Sie bietet unberührte Tundra, dichte Wälder, beschneite Berge und tiefe Fjorde. Einige Länder können sogar mit all diesen Gegensätzen aufwarten.

Über die Jahrhunderte waren Produkte wie Fisch, Wurzelgemüse, Roggen und Gerste sowie Wild, Wildkräuter und auch Algen die Nahrungsmittel, die den Skandinaviern das Leben und Überleben ermöglichten. Frisches Fleisch war purer Luxus, der ausschließlich reichen Leuten vorbehalten war. Fleisch und Fisch, in getrockneter, geräucherter oder gesalzener Form, waren dagegen erschwingliche Grundnahrungsmittel. Mit ihrem hohen Eiweißgehalt halfen sie, die langen Perioden von Kälte und Dunkelheit zu überstehen. Eine große Rolle spielten in der Alltagsküche außerdem Milchprodukte, Vollkornbrote und Fettfische wie Hering oder Lachs. An Feiertagen scheute man weder Kosten noch Mühen, um seltene Zutaten, exotische Gewürze und Trockenobst aufzutischen.

Gesunde, ausgewogene Ernährung

Was an der nordischen Küche sofort auffällt ist die Tatsache, dass großer Wert auf gesunde, ausgewogene und abwechslungsreiche Ernährung gelegt wird. Auch Geselligkeit ist wichtig. Man isst gern gemeinsam mit der Familie oder mit Freunden. Üblicherweise gibt es drei Mahlzeiten am Tag. Das Frühstück besteht aus Haferbrei, Müsli oder Joghurt. Das Mittagessen ist schlicht und leicht, oft gibt es dann belegte Brote, Suppe und Salat. Das Abendessen ist die reichhaltigste Mahlzeit des Tages, häufig nur ein Tellergericht, etwa Fleisch oder Fisch mit Sauce und Salat. Am Wochenende reicht man vielleicht noch zusätzlich eine Vor- und eine Nachspeise.

Die neue nordische Küche – hochwertige Produkte der Saison

Zu Beginn des 21. Jahrhunderts begann eine Gruppe junger Köche, die nordische Küche auf neue Art zu interpretieren, indem der Schwerpunkt auf regionale und saisonale Produkte verlagert wurde. Die besten Gartechniken unserer Zeit werden auf überraschende Weise mit althergebrachten Methoden des Haltbarmachens vermählt, eine Strategie, die dafür sorgte, dass die bislang im Ausland unbekannte nordische

Küche internationale Beachtung fand. In diesem Buch haben wir versucht, Tradition und Moderne im Stil der neuen nordischen Küche zu vereinen. Die meisten Zutaten für die Gerichte sind im Supermarkt erhältlich; falls nicht, werden Alternativen vorgeschlagen.

Von Januar bis Dezember

Zu Beginn des Jahres überlegen wir, was wir im Sommer ernten möchten. In dieser Zeit beginnen wir auch, im Treibhaus Kräuter und langsam wachsendes Gemüse wie Tomaten und Paprika zu säen. Einige dieser Pflanzen sind aus der kulinarischen Tradition unserer Familie nicht mehr wegzudenken und werden jedes Jahr wieder angebaut. Auch wenn es noch immer Winter ist, schneit und stürmt, künden diese ersten Pflänzchen von besseren, helleren Tagen. Auch Fischrogen und -leber, die in den Auslagen der Fischgeschäfte auftauchen, sind Vorboten des Frühlings. Gegen Ende des Winters sind wir vor allem damit beschäftigt, Kräuter und Pflanzen für den kommenden Sommer vorzuziehen.

Mitte April wird zum ersten Mal Basilikum geerntet, der Schnittlauch beginnt zu sprießen, und der toskanische Schwarzkohl hat den skandinavischen Winter heil überstanden.
Der Sommer wird dem Fischfang gewidmet. Lachs und Forelle kommen bei uns fast jeden Tag frisch auf den Tisch, wir vergessen aber auch niemals, einen Teil als Vorrat für den Winter zu räuchern. Ab Anfang Juni können wir Salat ernten, der von da an täglich auf unserem Speiseplan steht. Unsere Gesichter bekommen Farbe und sind bald so rot wie die Tomaten, die der Reife entgegengehen. Und im Hochsommer duftet es draußen in der Natur stark nach den wild wachsenden Kräutern, die wir in unserer Küche verwenden. Dies ist auch die Zeit, in der wir Skandinavier uns in die Wälder aufmachen und Pilze sammeln.
Sobald die ersten Herbstwinde wehen, greifen wir zu unseren Hacken und sehen nach, ob die Kartoffeln schon aus der Erde geholt werden können. Die Vögel hinterlassen blaue Flecken auf Terrassen und Gartenmöbeln – ein Zeichen dafür, dass Beeren und Kir-

schen reif sind. Die Speisekammer füllen wir nun mit Konfitüren, Säften und Sirupen. Und schließlich kommen die Lämmer zurück von den Bergen, und es kann mit dem Schlachten begonnen werden.

Im Herbst wird es früher dunkel, und man kann Jagd auf Gänse und Enten, etwas später auch auf Alpenschneehühner machen. In eisiger Kälte ziehen die Jäger in die Berge. Kaum etwas ist fantastischer, als bei Minusgraden in aller Herrgottsfrühe auf einem Gipfel zu stehen, während alle anderen noch schlafen. Man sieht von dort oben weit übers Land – ein Anblick, der einem den Atem raubt.

In der Weihnachtszeit holen wir die Äpfel aus dem Keller. Es kann durchaus passieren, dass wir im Garten bei Eis und Schnee noch ein paar Kräuter finden. Wenn das Wetter mitspielt und die Pflanzen gut vor Frost und Wind geschützt sind, können wir für die letzten Mahlzeiten des Jahres vielleicht noch das eine oder andere Gemüse ernten. Der Kreis schließt sich, wenn es im Januar wieder Zeit wird, im Hinblick auf den kommenden Sommer mit der Aussaat für Kräuter und Gemüse zu beginnen.

Rezepte
im Jahreslauf

FRÜHLING – SOMMER

❀

LANGE ZEIT WAR HERING EIN GRUNDNAHRUNGSMITTEL. In der skandi-navischen Küche hat es Tradition, Lebensmittel durch Einlegen in Essig zu konservieren. Nach wie vor ist das Einlegen auch heute noch sehr beliebt, dient jedoch mehr dem Wohlgeschmack als der Haltbarkeit.

Für 4 Portionen I Zubereiten 25 Min. **I Wässern** 12–14 Std. **I Garen** 25–30 Min. **I Marinieren** mind. 1 Woche

HERINGE in Essigsud

- 3 Salzheringsfilets
- 1 Zwiebel
- 1 Möhre
- 1 Stängel Dill

Für die Marinade
- 200 ml Weißweinessig
- 2 Lorbeerblätter
- 1/2 TL Koriandersamen

- 1 TL schwarze Pfefferkörner
- 1 TL Senfkörner
- 8–10 Wacholderbeeren
- 125 g Zucker

Die Heringe zum Entsalzen für etwa 12 Stunden in kaltes Wasser legen; das Wasser währenddessen häufig wechseln. Die Filets herausnehmen und entgräten, anschließend weitere 2 Stunden wässern.

Für die Marinade alle Zutaten in einem Topf mit 200 ml Wasser aufkochen und zugedeckt bei mittlerer Hitze 15–20 Minuten köcheln lassen. Vom Herd nehmen und die Marinade abkühlen lassen.

Die Heringsfilets in 2–3 cm große Stücke schneiden. Zwiebel und Möhre schälen und in Ringe bzw. Scheiben schneiden. Alles mit dem Dill in ein sterilisiertes Einmachglas füllen und mit der Marinade begießen. Das Glas fest verschließen und kalt stellen. Die Heringe vor dem Servieren mindestens 1 Woche durchziehen lassen.

Für 4 Portionen I Vorbereiten 10 Min. **I Marinieren** 2 Tage

HERINGE in Senf-Meerrettich-Sauce

- 350 g Heringe in Essigsud, in 3 cm große Stücke geschnitten
- 1 grünschaliger Apfel, klein geschnitten
- 4 EL Dijonsenf
- 100 g Mayonnaise

- 100 g Crème fraîche
- 2 EL geriebener Meerrettich
- 50 ml Weißweinessig
- 2 EL gehackter Dill
- 1 EL Zucker

Alle Zutaten mischen. Die Mischung in ein Einmachglas geben, fest verschließen und die Heringe vor dem Servieren 2 Tage durchziehen lassen.

Für 4 Portionen I Vorbereiten 10 Min. **I Garen** 8 Min. **I Marinieren** 2 Tage

EINGELEGTE HERINGE mit Orange und Sternanis

- Saft und abgeriebene Schale von 2 Bio-Orangen
- 150 ml Apfelessig
- 200 g Zucker
- 4 Sternanis
- 1/2 TL gemahlene Gewürznelke

- 3 Lorbeerblätter
- 1/4 TL weiße Pfefferkörner
- 350 g Heringe in Essigsud, in 3 cm große Stücke geschnitten

In einem Topf Orangensaft und -schale mit Essig, Zucker und den Gewürzen mischen. 8 Minuten köcheln, dann abkühlen lassen.

Die Heringe in die Marinade geben. Alles in ein Einmachglas füllen, fest verschließen und mindestens 2 Tage im Kühlschrank durchziehen lassen. In dem verschlossenen Glas halten sich die Heringe im Kühlschrank 7 Tage.

DAS BESONDERE AN DIESEM ISLÄNDISCHEN, LEICHT SÜSSEN SCHWARZ-BROT IST, dass es traditionell über viele Stunden in der Erde durch Erdwärme gebacken wird. Am besten schmeckt es mit Butter, Lamm-Pâté, Käse oder selbstverständlich mit Räucherlachs oder geräucherter Forelle. Ohne Erdwärme gelingt das Rugbraud bei niedriger Temperatur im Backofen in Milchkartons oder verschließbaren Backformen. Wichtig ist, dass die Formen nur zur Hälfte gefüllt (der Teig geht beim Backen auf) und sehr fest verschlossen werden.

Für 2 Brote I **Vorbereiten** 15–20 Min. I **Gehen lassen** 1 Std. I **Backen** 11–12 Std.

ROGGENBROT
aus Island (Rugbraud)

- 100 g Weizenvollkornmehl
- 400 g Roggenmehl
- 1 Päckchen Trockenhefe (7 g)
- 100 g Honig

- 500 ml lauwarme Milch, Buttermilch oder Joghurt
- 2 TL Salz
- 2 Milchkartons (je 1 l, mit quadratischer Grundfläche)

Die Mehle mit der Trockenhefe und dem Honig in einer großen Schüssel mischen. Milch, Buttermilch oder Joghurt und Salz unterrühren, bis ein glatter Teig entstanden ist; sollte er zu trocken sein, noch etwas Milch bzw. Buttermilch oder Joghurt unterarbeiten.

Die Milchkartons oben ganz öffnen. Falls vorhanden, jeweils die Lasche mit dem Kunststoffausgießer abschneiden. Die Kartons mit heißem Wasser sorgfältig ausspülen. Den Teig kurz durchkneten und jeden Karton zur Hälfte damit füllen, anschließend die Kartons mit den Laschen und Alufolie fest verschließen. Alternativ kann man auch backofenfeste Schüsseln mit Deckel oder Kuchenformen verwenden. Letztere müssen in mehrere Lagen Alufolie gewickelt werden. Die gefüllten Kartons an einen warmen Platz stellen und den Teig etwa 1 Stunde gehen lassen.

Den Backofen auf 100 °C vorheizen. Die Kartons aufrecht auf die untere Schiene im Ofen stellen und die Brote 11–12 Stunden backen. Herausnehmen und etwas abkühlen lassen. Die Kartons aufschneiden bzw. die Formen öffnen und die Brote entnehmen. Die Brote lassen sich gut einfrieren.

DIESES KNUSPRIGE BROT IST SUPER GESUND, absolut schmackhaft und in einem luftdicht verschlossenen Gefäß sehr lange haltbar. Mit Butter und einigen Tomaten- und Gurkenscheiben schmeckt es am besten.

Für 16 Brote mit je 20 cm Ø | **Vorbereiten** 25 Min. | **Backen** 10–12 Min./Backblech | **Gehen lassen** 1 Std. 10 Min.

BROTFLADEN
aus Schweden mit Orange, Kreuzkümmel und/oder Anis

- 225 g Dinkelmehl
- 250 g Roggenvollkornmehl
- 1 Päckchen Trockenhefe (7 g)
- 1 Prise Zucker
- 2 TL Salz

- 3 EL Kreuzkümmelsamen und/oder 2 EL Anissamen
- abgeriebene Schale von 2 Bio-Orangen
- 5 EL Leinsamen
- 120 ml lauwarme Buttermilch

Die Mehle mit Trockenhefe, Zucker, Salz, Kreuzkümmel und/oder Anis, Orangenschale sowie 2 1/2 EL Leinsamen mischen. Nach und nach unter ständigem Rühren die Buttermilch dazugeben.

Den Teig auf einer bemehlten Arbeitsfläche kräftig durchkneten. Zu einer Kugel formen, mit einem Geschirrtuch bedecken und 1 Stunde an einem warmen Platz gehen lassen. Anschließend noch einmal kurz durchkneten, dann in 16 gleich große Portionen teilen.

Den Backofen auf 200 °C vorheizen. Mehrere Backbleche mit Backpapier belegen. Die Teigportionen auf der bemehlten Arbeitsfläche zu runden Fladen (ca. 20 cm Ø) ausrollen. Mit den restlichen Leinsamen bestreuen und diese mit dem Nudelholz fest andrücken. Die Teigfladen mit einer Gabel mehrmals einstechen.

Die Brote auf die Backbleche geben und im heißen Ofen pro Blech 10–12 Minuten backen, bis sie knusprig und an den Rändern etwas gebräunt sind. Herausnehmen und vor dem Aufeinanderstapeln abkühlen lassen.

DIESES DÄNISCHE ROGGENBROT HAT EINE JAHRTAUSENDALTE GESCHICHTE. Von anderen nordischen Broten unterscheidet es sich durch seinen säuerlichen Geschmack. Zum Frühstück isst man es mit Butter, Schinken, Käse und Gemüse, zu Mittag verwendet man es häufig für Sandwiches oder Smørrebrød. Das Brot ist nahrhaft und etwa 5 Tage haltbar.

SAUERTEIGBROT aus Dänemark

Zubereiten 10 Min. | **Ruhen lassen** 4 Tage

SAUERTEIG

- 400 g Roggenmehl
- 80 ml Ananassaft

1. Tag – den Sauerteig ansetzen

In einer Schüssel 50 g Mehl mit dem Ananassaft mischen. Mit einem Geschirrtuch bedecken und bei Raumtemperatur 24 Stunden ruhen lassen.

2. Tag – den Sauerteig füttern

50 g Mehl mit 70 ml Wasser verrühren. Zum Teigansatz geben und sorgfältig untermischen. Den Sauerteig in ein sterilisiertes Einmachglas füllen. Das Glas mit einem Tuch zudecken (die Luft muss frei zirkulieren können, damit der Sauerteig atmen kann) und den Sauerteig 24 Stunden bei Raumtemperatur stehen lassen.

3. Tag – den Sauerteig füttern

100 g Mehl mit 125 ml Wasser verrühren und sorgfältig unter den Sauerteig mischen. Den Teig mit dem Tuch bedecken und wieder 24 Stunden ruhen lassen.

4. Tag – den Sauerteig füttern

Die restlichen 200 g Mehl mit 240 ml Wasser verrühren und unter den Sauerteig mischen. Mit dem Tuch bedecken und ein letztes Mal 24 Stunden ruhen lassen.

5. Tag – den Teig zubereiten

Der Sauerteig wiegt jetzt etwa 800 g und ist fast gebrauchsfertig. Man entnimmt jetzt 500 g für das Brot (siehe nächste Seite). Der Rest wird von nun an alle 4 Tage mit einer Mischung aus 200 g Roggenmehl und 200 ml Wasser gefüttert. Wird der Sauerteig nicht sofort benötigt, muss jeweils so viel entfernt werden, wie an „Futter" hinzugefügt wird. Der Sauerteig kann im Glas im Kühlschrank aufbewahrt oder für eine spätere Verwendung eingefroren werden.

BROT (für ca. 3,6 kg bzw. 3 Brote à 1,2 kg)

1. Tag
Zubereiten 10 Min.   **Ruhen lassen** 1 Tag

- 150 g Leinsamen und Sonnenblumenkerne, 18–24 Stunden
  in Wasser eingeweicht
- 500 g Sauerteig

- 250 g Roggenmehl
- 150 g Weizenmehl
- 300 ml Bier
- 1 EL Salz

Die eingeweichte Leinsamen-Sonnenblumenkern-Mischung sehr gut abtropfen lassen. Das ist wichtig, weil die Flüssigkeit dick und klebrig ist. Die Körner mit den anderen Zutaten und 300 ml lauwarmem Wasser zu einem Teig vermischen. Den Teig in eine Schüssel geben, mit Frischhaltefolie bedecken, kalt stellen und bis zum nächsten Tag ruhen lassen.

2. Tag
Zubereiten 15 Min.   **Ruhen lassen** 4 Std.   **Backen** 2 1/2 Std.

- Teig vom Vortag
- 1 kg Roggenmehl
- 1 1/2 EL Honig
- 3 EL Salz

- Öl für die Backformen
- Leinsamen und Kürbiskerne
  zum Bestreuen

Den Teig vom Vortag in einer großen Schüssel mit Mehl, Honig, Salz und 500 ml lauwarmem Wasser mischen. Drei Brotbackformen (je 1,4 l Inhalt) mit Öl ausfetten und mit Backpapier auskleiden. Den Teig auf die Formen verteilen und großzügig mit Leinsamen und Kürbiskernen bestreuen. Die Formen mit Frischhaltefolie zudecken und den Teig an einem warmen Platz 4 Stunden gehen lassen.

Den Backofen auf 160 °C vorheizen. Die Brote im heißen Ofen 2 1/2 Stunden backen. Herausnehmen und etwas abkühlen lassen, dann aus den Formen stürzen. Die Brote noch lauwarm in Gefrierbeutel geben Die Beutel fest verschließen und die Brote darin abkühlen lassen, damit die Kruste weich wird und die Brote nicht austrocknen.

TIPP
Wenn die Brote nicht innerhalb von 5 Tagen gegessen werden können, sollte man sie einfrieren.

SMØRREBRØD IST EIN STÜTZPFEILER DER DÄNISCHEN KÜCHE. Dafür werden gebutterte Roggenbrotscheiben mit einer bunten Vielfalt von Zutaten belegt. Ursprünglich diente dies dazu, Reste von kaltem Braten, geräuchertem oder gegartem Fisch, saurem Hering, Käse, Saucen auf Mayonnaisenbasis, rohem oder eingelegtem Gemüse, Kräutern usw. zu verwerten. Was die Smørrebrøds so einzigartig macht, sind die Auswahl der Zutaten und deren kunstvolles Anrichten auf den Brotscheiben. Dänen trinken dazu gewöhnlich Bier, doch einige bevorzugen Aquavit, einen traditionellen Schnaps. Das Schöne am Smørrebrød ist, dass man seine Fantasie spielen lassen und unterschiedlichste Aromen miteinander kombinieren kann. Hier sind einige Anregungen für die belegten Brotscheiben – eigenen Kreationen sind keine Grenzen gesetzt.

SMØRREBRØD

1. FLUSSKREBS, Dillmayonnaise (siehe Seite 86)

Eine Scheibe Roggenbrot großzügig mit Dillmayonnaise bestreichen. Darauf Flusskrebsschwänze anrichten. Diese mit Zitronenscheibe, Kaviar, Sprossen nach Geschmack und Dillspitzen garnieren.

2. RÄUCHERAAL, Kartoffel, Rührei

Die Brotscheibe buttern und mit Räucheraalfilets belegen. Darauf eine gewürfelte gekochte Kartoffel sowie Rührei und Schnittlauchröllchen anrichten.

3. BLAUSCHIMMELKÄSE, Beeren

Die Brotscheibe buttern und mit in dünne Scheiben geschnittenem Blauschimmelkäse belegen. Mit Roten Johannisbeeren, einem Rote-Bete-Chip, getrockneter Dulse und Tannennadeln garnieren.

4. POCHIERTER DORSCHROGEN, Curryremoulade (siehe rechts)

Etwa 70 g Dorschrogen in köchelndem Salzwasser 30 Minuten gar ziehen lassen. Abtropfen und abkühlen lassen. Den Rogen in Scheiben schneiden und diese auf die gebutterte Brotscheibe legen. Mit dünnen Radieschenscheiben, Lachskaviar und Petersilie garnieren.

5. GRÜNER SPARGEL, Kartoffel, gekochtes Ei

Die Brotscheibe buttern und mit Pellkartoffelscheiben belegen. Vier Spargelstangen, etwa 2 TL Mayonnaise und ein halbes wachsweich gekochtes Ei darauf anrichten. Mit schwarzem Pfeffer und feinen Gurkenstiften garnieren.

6. EINGELEGTER HERING, grüner Apfel

Eine Scheibe Roggenbrot dick mit Butter bestreichen und mit eingelegten Heringsfilets belegen. Mit Salatblättern, Crème fraîche, Roter Bete, Schnittlauchröllchen und Apfelwürfelchen garnieren.

7. RÄUCHERSPECK, süßsaurer Rotkohl (siehe Seite 187), Crème fraîche

Die Brotscheibe buttern und mit dicken Scheiben Räucherspeck (oder gekochtem Schinken) belegen. Mit etwas Rotkohl, 1 EL Crème fraîche, einer Apfelscheibe und einigen Radieschenscheiben sowie Orangenvierteln und hauchfeinen Frühlingszwiebelstreifen garnieren.

8. GEGARTE GARNELEN, Zitronenmayonnaise

Mayonnaise mit einigen Tropfen Zitronensaft und abgeriebener Zitronenschale aromatisieren. Eine Scheibe Brot damit bestreichen und darauf großzügig geschälte gegarte Garnelen (Garnelenschwänze) verteilen. Mit einer ganzen ungeschälten Garnele garnieren und nach Belieben mit schwarzem Pfeffer übermahlen.

Für 1 Sauciere | Zubereiten 5 Min.

CURRYREMOULADE

- 125 g Mayonnaise (vorzugsweise selbst gemacht)
- 1 1/2 TL Dijonsenf
- 4 EL fein gehackte eingelegte Gurke (siehe Rezept für Dänische Leberpastete, Seite 61)
- 1 fermentierte Sprotte (Ansjovis), fein gehackt
- 1 1/2 TL geriebener Meerrettich
- 2 EL Schnittlauchröllchen
- 1/2 TL Currypulver
- 1/2 TL Zucker

Alle Zutaten miteinander verrühren und die Remoulade kalt stellen. Im Kühlschrank hält sie sich bis zu 5 Tage.

DÄNEN LIEBEN COMFORTFOOD – Speisen, die Körper und Seele gut tun.
Die Leberpastete ist dafür ein wunderbares Beispiel. Kreiert wurde sie allerdings von
einem Franzosen, einem Fleischer, der um 1850 in Kopenhagen lebte.
Die Pastete schmeckt lauwarm oder kalt, pur oder mit diversen Beilagen. Vor allem
aber auch als Belag für Vollkornbrot. Das Rezept ergibt recht viel Pastete – was nicht
gleich gegessen wird, lässt sich gut einfrieren.

Für 1 Terrine (2 l Inhalt) | **Vorbereiten** 30 Min. | **Garen** 1 1/2 Std. | **Marinieren** 2 Std.

DÄNISCHE LEBER-PASTETE, eingelegte Gurke und Rote Bete

- 1 kg Schweineleber, geputzt
- 400 g fetter Speck
- 1 säuerlicher Apfel
- 2 Zwiebeln
- 125 g fermentierte Sprotten (Ansjovis) oder Kräutermatjes
- 3 Eier
- 2 Knoblauchzehen, zerdrückt
- 1/4 TL gemahlene Gewürznelke
- 1/4 TL geriebene Muskatnuss
- 1/2 TL gemahlenes Piment
- 4 TL gemahlener schwarzer Pfeffer
- 3 TL Salz
- 4 TL Mehl

Für die eingelegte Gurke
- 1 Salatgurke
- 4 EL Zucker
- 4 EL Weißweinessig
- 6 EL gehackter Dill

Für die eingelegte Rote Bete
- 50 g Zucker
- 1 Schalotte, gewürfelt
- 2 EL Rotweinessig
- 2 EL Rotwein
- 1 Prise Cayenne- oder schwarzer Pfeffer
- 3 Wacholderbeeren, zerstoßen
- 1 Rote Bete

Für die Pastete Leber und Speck in 3 cm große Stücke schneiden. Apfel und Zwiebeln schälen und vierteln. Leber, Speck, Apfel, Zwiebeln und Sprotten grob hacken.

Den Backofen auf 90 °C vorheizen. Die Eier verquirlen und mit Knoblauch, Gewürzen und Mehl unter die Lebermasse mischen. Die Masse in eine Terrine (oder in ofenfeste Förmchen) füllen. Im heißen Ofen im Wasserbad garen, bis die Kerntemperatur 70 °C beträgt. Das dauert, je nach Größe der Terrine bzw. der Förmchen, etwa 1 1/2 Stunden.

Für die eingelegte Gurke die Gurke waschen und in dünne Scheiben schneiden; die Scheiben in eine Schüssel geben. Den Zucker in Essig auflösen und die Mischung über die Gurkenscheiben gießen. Das Ganze mit Dill bestreuen und bis zum Servieren mindestens 2 Stunden kalt stellen.

Für die eingelegte Rote Bete den Zucker mit 2 EL Wasser in einem Topf aufkochen und ohne zu rühren einkochen und karamellisieren lassen. Vom Herd nehmen und Schalottenwürfel, Essig, Wein und Gewürze hineingeben. Wieder auf den Herd stellen. Langsam 250 ml heißes Wasser in den Topf gießen und das Ganze köcheln (nicht kochen) lassen. Die Rote Bete schälen und in 5 mm große Würfel schneiden. Diese in die Sauce gleiten lassen und den Sud bei schwacher Hitze offen 25–30 Minuten einkochen lassen.

Die Pastete lauwarm oder kalt mit eingelegter Gurke und Roter Bete servieren. Dazu passen dänisches Sauerteigbrot, gebratener Speck und gebratene Champignons.

KARTOFFELSALAT IST EINE KLASSISCHE, SÄTTIGENDE BEILAGE, die zu vielen Gerichten passt. Hier ist allerdings der Salat die Hauptsache und wird mit mariniertem Hering serviert. Am besten schmeckt dazu das Roggenbrot aus Island (siehe Seite 50).

Für 4 Portionen | **Vorbereiten** 25 Min. | **Garen** 15 Min.

LAUWARMER KARTOFFELSALAT und Hering

- 500 g kleine Kartoffeln
- 150 g Crème fraîche
- 4 EL körniger Senf
- 1 EL Weißwein- oder Estragonessig
- 1 kleine Handvoll Dillspitzen
- 1 EL gehackter Estragon (nach Belieben)
- Salz, schwarzer Pfeffer

- 4 Frühlingszwiebeln
- 2 Selleriestangen
- 1 Salatgurke
- 300 g marinierte Heringsfilets nach Geschmack
- 4 hart gekochte Eier
- 1 Handvoll Salatblätter

Die Kartoffeln schälen und in Wasser garen. Anschließend halbieren und in eine Schüssel füllen. Die Crème fraîche mit Senf, Essig, Dill und nach Belieben Estragon zu einer Salatsauce verrühren. Die Sauce unter die Kartoffeln heben. Die Mischung mit Salz und Pfeffer abschmecken; beiseitestellen.

Die Frühlingszwiebeln waschen, putzen und hacken. Die Selleriestangen waschen, putzen und in dünne Scheiben schneiden. Die Gurke waschen und längs halbieren. Die Kerne mit einem Löffel herausschaben, das Fruchtfleisch in 1 cm große Würfel schneiden. Frühlingszwiebeln, Sellerie und Gurkenwürfel behutsam unter die Kartoffelmischung heben. Die hart gekochten Eier halbieren, die Heringsfilets in 1 cm große Stücke schneiden.

Die Salatblätter waschen, trocken schütteln und auf vier Teller verteilen. Den Kartoffelsalat daraufgeben und mit den Eihälften garnieren. Den Hering in kleine Gläser oder Schalen füllen und mit etwas Dill garnieren. Die Gläser auf die Teller stellen und das Gericht mit Vollkornbrot, z. B. dem Roggenbrot aus Island, servieren.

DER NORDISCHE KLIPPFISCH IST VON BESTER QUALITÄT und lässt sich auf diverse Arten zubereiten. Früher pochierte man ihn einfach und servierte ihn mit Kartoffeln und Butter. Heutzutage präsentiert man ihn auf vielerlei Art – dieser Salat ist ein Beispiel dafür: Roher Klippfisch wird hier mit eingelegten Löwenzahnknospen und den Nadeln junger Tannensprossen kombiniert. Letztere steuern eine säuerlich-frische Note bei. Die Tannensprossen kann man von April bis Juni sammeln; für die Verwendung außerhalb der Saison lassen sie sich prima einfrieren.

Für 6–8 Portionen | Zubereiten 30 Min.

KLIPPFISCHSALAT
mit eingelegtem Löwenzahn und Tannensprossen

- 400 g (ein dickes Stück) Klippfisch (getrockneter gesalzener Kabeljau), gewässert
- 2–3 Handvoll Salatblätter (Rucola oder Löwenzahn)
- 2 EL fein gehackte Rosinen
- 2 Tannensprossen
- 12–16 ofengeröstete halbierte Kirschtomaten
- 3 EL Schnittlauchröllchen oder gehackte Frühlings-zwiebel
- 2 EL gehackte eingelegte Löwenzahnknospen (siehe Seite 66) oder Kapern

- 100 g Brunost (siehe unten) oder Parmesan
- Dill zum Garnieren
- Mungobohnensprossen oder Tannensprossen zum Garnieren

Für die Sauce
- 3 EL Oliven- oder Rapsöl
- Saft und abgeriebene Schale von 1 Bio-Zitrone
- schwarzer Pfeffer
- 8 getrocknete Engelwurzsamen, zerstoßen (nach Belieben)

Den gewässerten Fisch ins Tiefkühlgerät geben und anfrieren lassen, damit er sich später leichter schneiden lässt. Den angefrorenen Fisch quer in dünne Scheiben schneiden. Die Scheiben nebeneinander auf ein Stück Frisch-haltefolie legen.

Die Salatblätter waschen, trocken schütteln und auf die Teller verteilen. Die Fischscheiben auf die Teller legen. Rosinen, Tannensprossen, Tomaten, Schnittlauch bzw. Frühlingszwiebel und Löwenzahnknospen oder Kapern hinzufügen. Den Käse darüberhobeln. Das Ganze mit gehacktem Dill und Sprossen garnieren.

Für die Sauce das Öl mit dem Zitronensaft zu einem cremigen Dressing verrühren. Den Salat damit beträufeln und mit Zitronenschale und schwarzem Pfeffer bestreuen. Nach Belieben noch Engelwurzsamen hinzufügen. Den Salat mit gutem Brot servieren.

WISSENSWERT
Brunost ist ein norwegischer Ziegenkäse mit bräunlichem Teig und karamellartigem Geschmack.

DIE KNOSPEN DES LÖWENZAHNS lassen sich in aromatisiertem Essig einlegen und wie Kapern verwenden. Sie sind eine Bereicherung für grünen Salat, Kartoffel- oder Krautsalat. Auch zu geräuchertem Fleisch oder Würsten schmecken sie hervorragend.

Für 1 Glas (300–500 ml Inhalt) | Zubereiten 10 Min. **| Marinieren** 4–5 Tage

LÖWENZAHNKNOSPEN
in Essig

- frisch gepflückte Löwenzahnknospen
- 1 TL Salz
- Weißwein- oder Apfelessig
- 1 Stängel Estragon

Die Löwenzahnknospen unmittelbar vor dem Aufblühen sammeln. Möglicherweise lassen sich die grünen Kelchblätter zurückstreifen. Die Knospen abspülen und sorgfältig trocken tupfen. Ein Einmachglas mit kochendem Wasser ausspülen. Die Knospen hineingeben, Salz, Essig und Estragon hinzufügen. Das Glas fest verschließen.

Das Glas in den Kühlschrank stellen und gelegentlich auf den Kopf stellen. Die Knospen vor dem Verzehr 4–5 Tage durchziehen lassen. Anschließend kann man nach und nach neue Knospen hinzufügen.

WAS BIOLOGISCHEN ANBAU BETRIFFT, haben die skandinavischen Länder eine wahre Revolution in Gang gesetzt. Denn was für ein befriedigendes Gefühl ist es, Kräuter und Gemüse zu ernten, die man in gesunder, nährstoffreicher Erde selbst gezogen hat. Meist reicht die Ernte für eine köstliche Mahlzeit. Salate lassen sich wunderbar mit Blüten aus eigenem Anbau aufwerten. Diese erfreuen nicht nur das Auge, sondern mit ihren feinen Aromen auch den Gaumen.

Für 4 Portionen | **Zubereiten** 15 Min.

BLÜTENSALAT

- 12 Radieschen
- 1/2 Salatgurke
- 1 Handvoll Salatblätter nach Wahl
- 1 Handvoll essbare Blüten nach Wahl
- einige junge Erbsen
- frische Kräuter (Basilikum, Estragon, Petersilie und Kerbel)

Für die Vinaigrette
- Zitronensaft
- Honig
- Olivenöl

Die Radieschen putzen, waschen und in dünne Scheiben schneiden. Die Gurke waschen und ebenfalls in dünne Scheiben schneiden. Den Salat waschen und trocken schütteln.

Salatblätter, Blüten, Gemüse und Kräuter dekorativ auf Tellern anrichten. Zitronensaft, Honig und Olivenöl zu gleichen Teilen zu einem Dressing verrühren und den Salat damit beträufeln.

> *KABELJAU IST EIN AUSGESPROCHEN WOHLSCHMECKENDER FISCH.*
> *Salzt man ihn kurz ein, wird sein Fleisch fester und saftiger. Zum Fisch gibt es hier*
> *gebratenen Grünkohl mit Chili und Knoblauch sowie eine Buttersauce, die mit*
> *Süßholztee aromatisiert wird.*

Für 4 Portionen | **Vorbereiten** 25 Min. | **Ziehen lassen** 3–4 Stunden | **Wässern** 1 Std. | **Garen** 15–20 Min.

KABELJAU,
leicht gesalzen, mit Grünkohl und Süßholz-Buttersauce

- 100 g grobes Meersalz
- 2 EL Zucker
- 800 g Kabeljaurückenfilet, in 4 Stücke geschnitten
- abgeriebene Schale von 1 Bio-Zitrone
- schwarzer Pfeffer
- 20 g Butter

Für die Süßholz-Buttersauce
- 1 Süßholzteebeutel
- 3 Schalotten
- 170 g Butter

- 2 EL Weißweinessig
- 5 EL Crème fraîche
- 1 Prise Salz

Für den gebratenen Grünkohl
- 1 große Grünkohlstaude
- 1 rote Peperoni
- 1 Knoblauchzehe
- 3 EL Oliven- oder Rapsöl
- 10 Walnusskernhälften
- Salz

Für den Kabeljau Salz und Zucker mischen. Die Hälfte der Mischung in einer ofenfesten Form verteilen und die Fischstücke daraufsetzen. Die restliche Salzmischung und die Zitronenschale auf den Fisch geben und den Fisch im Kühlschrank 3–4 Stunden durchziehen lassen. Anschließend den Fisch kalt abspülen und für 1 Stunde in kaltes Wasser legen.

Den Backofen auf 180 °C vorheizen. Den Fisch trocken tupfen, pfeffern und wieder in die Form legen. Die Butter in Stückchen hinzufügen und den Fisch im heißen Ofen 15–20 Minuten garen.

Für die Buttersauce den Teebeutel in eine Tasse geben. 4 EL kochend heißes Wasser dazugießen und den Tee zugedeckt 5 Minuten ziehen lassen. Den Beutel herausnehmen und über der Tasse gut ausdrücken. Die Schalotten schälen, würfeln und in einem Topf in etwas Butter hellbraun werden lassen. Mit Tee und Essig ablöschen und die Flüssigkeit bei schwacher Hitze einkochen lassen. Vom Herd nehmen.

Die restliche Butter in Stückchen und die Crème fraîche in den Topf geben. So lange schlagen, bis die Butter vollständig geschmolzen ist. Die Sauce salzen und bei schwacher Hitze weiterschlagen; sie darf nicht zu heiß werden, sonst gerinnt sie. Sollte das geschehen, die Sauce etwas abkühlen lassen und erneut aufschlagen, bis sie glatt ist.

Für den gebratenen Grünkohl den Kohl putzen, dabei von Stielen und harten Blattadern befreien. Die Blätter grob hacken. Die Peperoni in Ringe schneiden. Den Knoblauch schälen und vierteln. Das Öl in einer Pfanne bei mittlerer Hitze heiß werden lassen. Peperoni und Knoblauch darin 30–40 Sekunden braten; der Knoblauch darf nicht verbrennen. Den Kohl und die grob gehackten Nüsse hinzufügen und bei stärkerer Hitze 1 Minute braten.

Den Kohl salzen, auf die Teller verteilen und je ein Fischfilet daraufsetzen. Die Sauce in einer Sauciere dazu servieren.

TRADITIONELL WIRD IN DEN NORDISCHEN LÄNDERN am 22. und 23. Juni Mittsommer und/oder der Johannistag gefeiert. Weil es Tag und Nacht hell ist, trifft man sich spät abends mit Freunden und Familie im Freien, um miteinander zu feiern und zu schlemmen.
Eine besondere Rolle spielen dabei Meeresfrüchte, die um diese Zeit äußerst wohlschmeckend sind und für die unterschiedlichsten Gerichte verwendet werden.

Für 6 Portionen | Zubereiten 35 Min.

MIESMUSCHELN
gratiniert

- 2 kg Miesmuscheln
- 3 Schalotten
- 1 Knoblauchzehe
- 500 ml Bier
- 6 EL frische Semmelbrösel

- 3 EL gehackte glatte Petersilie
- 3 EL Öl
- 1/4 TL feines Meersalz
- 100 g geriebener Käse vom Typ Jarlsberg®

Die Muscheln entbarten und abspülen. Exemplare, die sich nicht schließen, wegwerfen. Schalotte und Knoblauch schälen und hacken. Muscheln, Schalotten und Knoblauch mit dem Bier in einen großen Topf geben. Aufkochen und 8–10 Minuten köcheln lassen, dabei gelegentlich kräftig umrühren.

Sobald sie gar sind, die Muscheln in ein Sieb schütten und abtropfen lassen. Die leere Schalenhälfte jeweils abheben und die gefüllten Muschelhälften nebeneinander in eine flache ofenfeste Form setzen.

Den Backofen auf 250 °C vorheizen. Die Semmelbrösel mit Petersilie, Öl und Salz vermengen. Die Mischung auf die einzelnen Muscheln verteilen und mit dem Käse bestreuen. Die Muscheln im heißen Ofen auf der oberen Schiene 4–5 Minuten überbacken. Herausnehmen und sofort servieren.

WISSENSWERT
Der Jarlsberg® ist ein norwegischer Kuhmilch-Hartkäse mit fruchtiger Note. Falls er nicht erhältlich ist, kann man ihn durch Emmentaler ersetzen.

Für 4 Portionen | Vorbereiten 30 Min. | Grillen 4–5 Min.

JAKOBSMUSCHELN
mit Basilikum-Dill-Butter

- 16 Jakobsmuscheln

Für die Basilikum-Dill-Butter
- 1 Knoblauchzehe
- 4 EL gehacktes Basilikum
- 2 EL gehackter Dill

- 1 TL Dijonsenf
- 2 EL Zitronensaft
- 50 g weiche Butter
- Salz, schwarzer Pfeffer
- Zitronenspalten und Baguette zum Servieren

Die Jakobsmuscheln mit einem Messer öffnen. Muschelfleisch und Rogen (Corail) herauslösen. Bartfäden und Ver-unreinigungen entfernen. Muschelfleisch und Rogen kurz kalt abspülen, dann mit Küchenpapier trocken tupfen. 16 Schalenhälften sorgfältig auswaschen. Muschelfleisch und Rogen auf die gesäuberten Schalenhälften verteilen. Den Holzkohlegrill anheizen.

Für die Basilikum-Dill-Butter den Knoblauch schälen und zerdrücken. Das Basilikum in einer Schüssel mit Dill, Senf, Knoblauch, Zitronensaft, Butter, Salz und Pfeffer mischen. Auf jede Muschel etwa 1 EL Kräuterbutter geben. Die Muscheln auf dem heißen Grill 4–5 Minuten garen. Sofort mit Zitronenspalten und Baguette servieren.

Für 4 Portionen | Vorbereiten 35 Min. | Grillen 6–12 Min.

SCAMPISPIESSE
mit Knoblauch-Nussbutter

- ca. 1 kg ungeschälte Scampi (Kaisergranat)
- 150 g Butter
- 3 EL Zitronensaft
- 4 EL gehackte Petersilie

- 4 Knoblauchzehen
- Salz, schwarzer Pfeffer
- Zitronenspalten zum Servieren

Die Scampi schälen und falls nötig entdarmen. Die Butter in einem Topf zerlassen und etwas bräunen lassen; sie darf nicht zu dunkel werden. Schaum, der sich an der Oberfläche bildet, mit einem Löffel abheben. Die Butter bei schwacher Hitze etwa 2 Minuten köcheln lassen.

Ein Spitzsieb mit einer Kaffeefiltertüte auskleiden und beispielsweise auf ein Einmachglas setzen. Die Butter filtern, um die letzten Verunreinigungen zu entfernen. Zitronensaft, Petersilie und den zerdrückten Knoblauch untermi-schen und die Nussbutter mit Salz und Pfeffer abschmecken.

Den Holzkohlegrill anheizen. Die Scampi auf Spieße stecken und mit der Butter beträufeln. Auf den heißen Grill legen und auf jeder Seite 3 Minuten garen. Sollten sie sehr groß sein, die Garzeit um 2–3 Minuten verlängern. Die Spieße mit der restlichen Butter und Zitronenspalten servieren. Dazu passen grüner Salat und Reis oder gutes Brot.

DIE NORDISCHE KÜCHE BESTICHT DURCH ZWEI DINGE: Einfachheit und Qualität. Dieses köstliche Carpaccio demonstriert auf perfekte Art und Weise die klare Linie der neuen nordischen Küche.

Für 4–8 Portionen | Zubereiten 20 Min.

LACHSCARPACCIO
mit Wildkräutern

- 1 kleines Lachsfilet (vorzugsweise vom Wildlachs), entgrätet
- 5 EL Olivenöl
- 5 EL Zitronensaft
- 1/2 TL Salz

- abgeriebene Schale von 1 Bio-Zitrone
- nordische essbare Blätter und Blüten (z. B. Heidelbeerblüten, Sauerampfer, Veilchen und junge Birkenblätter)

Das Lachsfilet auf ein Schneidebrett legen. Mit einem Messer mit langer, schmaler und sehr scharfer Klinge (es gibt spezielle Lachsmesser) fast horizontal eine dünne, geradezu transparente Scheibe vom Lachsfilet abschneiden – dabei keinen Druck ausüben. Die Scheibe mithilfe der Klinge auf einen Teller heben. Das Ganze so oft wie nötig wiederholen und die Scheiben auf die Teller legen.

In einer großen Schüssel Olivenöl, Zitronensaft und Salz zu einem Dressing verrühren. Die Lachsscheiben mit dem Dressing beträufeln, mit Zitronenschale bestreuen, mit Blättern und Blüten garnieren und sofort servieren.

TIPP
Das Lachsfilet für 15 Minuten ins Tiefkühlgerät legen – danach lässt es sich leichter schneiden.

DIESES EINFACHE GERICHT ist ideal für ein Essen mit Freunden. Der Fisch kann eine Stunde im Voraus vorbereitet werden, bis zum Grillen sollte man ihn dann im Kühlschrank aufbewahren. Die Birkenzweige verbrennen während des Grillens und verleihen dem Fisch so eine dezente Räuchernote.

Für 4 Portionen | Vorbereiten 25 Min. **| Grillen** 8 Min.

GEGRILLTER SAIBLING
oder Lachs im Birkenrauch

- einige Birkenzweige
- 2 EL Öl, mehr für den Grillrost
- 4 ganze Filets von 2 großen Meersaiblingen oder 1 ganzes Lachsfilet (ca. 1,2 kg)

- Salz
- abgeriebene Schale und Saft von 1 Bio-Zitrone
- schwarzer Pfeffer

Die Birkenzweige waschen und für 20 Minuten in kaltes Wasser legen. Währenddessen den Holzkohlegrill anheizen und den Grillrost mit Öl fetten. Die Fischfilets mit dem Öl einreiben und leicht salzen. Die feuchten Zweige um den Fisch wickeln. Die Filets mit der Zitronenschale bestreuen und auf den Hautseiten 8 Minuten grillen (der Grillrost muss dicht über den Kohlen sein).

Die Filets vorsichtig vom Grill nehmen und auf ein Brett legen. Die Zweige entfernen. Die Filets auf Tellern oder einer großen Servierplatte anrichten, mit etwas Zitronensaft beträufeln und nach Geschmack mit Salz und Pfeffer würzen. Dazu passt knackiger Blattsalat.

IM AUGUST, AM ENDE DES SOMMERS, DÜRFEN IN SCHWEDEN FLUSS-KREBSE GEFANGEN WERDEN. Krebsfeste haben dort Tradition. Wer die Krustentiere nicht selbst fangen kann, greift auf Tiefkühlware zurück. Flusskrebse sind unglaublich köstlich, und die Dillsauce ist ein wahrer Gaumenschmaus. In Schweden genießt man diese Spezialität mit reichlich Bier, Weißwein und Aquavit.

Für **4 Portionen** | Zubereiten 12 Min.

FLUSSKREBSE
mit Dillmayonnaise

- 2 Zwiebeln
- 2 TL Zucker
- 4 EL Salz
- 1 Bund Dill
- 2 kg frische Flusskrebse

Für die Dillmayonnaise
- 200 g Mayonnaise (möglichst selbst gemacht)
- 2 EL gehackter Dill
- 1 1/2 EL Zitronensaft
- 1 EL gehackte Kapern
- 1 Knoblauchzehe, zerdrückt

Für die Dillmayonnaise alle Zutaten in eine Schüssel geben und sorgfältig verrühren. Die Mayonnaise bis zum Servieren kalt stellen.

Die Zwiebeln schälen und grob würfeln. In einem großen Topf 4 l Wasser mit Zucker, Salz, Zwiebeln und Dill aufkochen und 5 Minuten sprudelnd kochen lassen. Die Krebse kalt abspülen, dann in das kochende Wasser geben. Bei mittlerer Hitze etwa 2 Minuten garen, bis sie komplett rot geworden sind. Herausnehmen, abtropfen und auskühlen lassen.

Die Krebse zum Servieren auf einer Platte anrichten. Die Dillmayonnaise dazu reichen.

VARIANTE
Falls Sie sich für tiefgekühlte Krebse entschieden haben: diese vollständig auftauen lassen – dazu am besten mit etwas heißem Wasser beträufeln.

IN DEN SKANDINAVISCHEN LÄNDERN war es früher Usus, sich am Nachmittag Kaffee und Kuchen zu gönnen. Inzwischen ist diese Tradition ein wenig verloren gegangen. Sie lebt fast nur noch an Wochenenden oder zu besonderen Anlässen wieder auf. Als Erwachsene erinnern sich Kinder gern an die Nachmittage, die sie mit der Familie und mit Freunden an der Kaffeetafel verbrachten und dabei beispielsweise diesen Walnusskuchen mit Erdbeeren und Schlagsahne aßen.

Für 8 Portionen | **Vorbereiten** 35 Min. | **Backen** 40–45 Min.

WALNUSSKUCHEN
mit Erdbeeren

Für den Teig
- 4 große Eier
- 75 g Zucker
- 75 g Weizen- oder Reismehl
- 75 g gemahlene Walnusskerne
- 1 1/2 TL Backpulver

Für den Belag
- 500 g Erdbeeren
- 200 g griechischer Joghurt
- 5 EL Honig
- 300 g geschlagene Sahne
- Erdbeeren und Rote Johannisbeeren zum Garnieren

Den Backofen auf 170 °C vorheizen. Die Eier mit dem Zucker hell und schaumig schlagen. Nach und nach Mehl, Nüsse und Backpulver untermischen und alles so lange miteinander verrühren, bis eine leicht-luftige Masse entstanden ist.

Eine Springform (20 cm Ø) mit Backpapier auskleiden und die Masse hineinfüllen. Im heißen Ofen 40–45 Minuten backen. Sollte der Kuchen zu schnell bräunen, die Oberfläche mit Alufolie abdecken. Den Kuchen herausnehmen und etwas abkühlen lassen, dann aus der Form nehmen. Während der Backzeit die Erdbeeren waschen, putzen und in Scheiben schneiden.

Den Kuchen horizontal in drei gleich dicke Platten schneiden. Joghurt und Honig unter die Schlagsahne heben. Die untere und mittlere Kuchenplatte mit je einem Drittel der Sahnemischung und der Hälfte der Erdbeerscheiben belegen. Die beiden Teile aufeinandersetzen. Die obere Kuchenplatte darauflegen. Die restliche Sahnemischung darauf verteilen und mit Erdbeeren und Roten Johannisbeeren garnieren.

> *VON DEN GOLDBRAUNEN, KNUSPRIGEN WAFFELN mit Schlagsahne und Konfitüre kann man nicht genug bekommen! In diesem Rezept wird die Sahne mit Krokant veredelt. Normalerweise gibt man Haselnusskrokant in eine Eismasse, damit die Eiscreme eine köstlich nussige Note bekommt. Die ersten Beeren des Sommers passen großartig zu diesem Dessert.*

Für 4 Portionen | **Vorbereiten** 20 Min. | **Backen** 15 Min.

WAFFELN
mit Schlagsahne, Beeren und Krokant

Für die Waffeln
- 175 g Sahne
- 3 große Eier
- 50 g Zucker
- 1/2 EL Vanilleextrakt
- 50 g Butter
- 150 g Mehl
- 1 1/2 TL Backpulver
- 1 Prise Salz

Für den Krokant
- etwas Essig oder Zitronensaft
- 200 g Zucker
- 50 g Haselnusskerne

Für die Garnitur
- steif geschlagene Sahne
- Himbeerkonfitüre
- frische Beeren (z. B. Himbeeren und Brombeeren)

Für den Krokant einen kleinen Topf mit etwas Essig oder Zitronensaft ausreiben, um eventuell vorhandene Fettreste zu entfernen und ein Auskristallisieren des Zuckers beim Erhitzen zu verhindern. Den Zucker mit etwas Wasser in den Topf geben und bei mittlerer Hitze heiß werden, aber nicht kochen lassen. (Vorsicht, er verbrennt leicht!) Sobald der Zucker goldbraun ist, den Topf vom Herd nehmen und die Nüsse unter den Karamell rühren. Den Nusskrokant auf einen Bogen Backpapier streichen und aushärten lassen, dann in kleine Stücke hacken. Die Stücke in der Küchenmaschine fein zerkleinern.

Für die Waffeln die Sahne in eine Schüssel geben. Unter ständigem Schlagen mit einem Schneebesen Eier, Zucker und Vanille hinzufügen. Die Butter zerlassen und unter die Mischung rühren. Zum Schluss nach und nach Mehl, Backpulver und Salz untermischen.

Die Waffeln nacheinander knusprig backen. Mit Schlagsahne, Himbeerkonfitüre und Beeren anrichten, mit Krokant bestreuen und lauwarm servieren.

AM ENDE DES SOMMERS SIND IN DEN WÄLDERN DIE BEEREN REIF – die ideale Zeit, um daraus Desserts und köstliche Konfitüren zu machen. Dieser Crumble hier ist unkompliziert in der Herstellung. Unter den goldbraunen Streuseln verbirgt sich eine aromatische Mischung aus Rhabarber, Maul- oder Brombeeren und frischem Ingwer. Wer mag, kann das herkömmliche Mehl durch Vollkornmehl ersetzen.

Für 6 Portionen | **Vorbereiten** 20 Min. | **Garen** 20–25 Min.

CRUMBLE
mit Rhabarber und Maul- oder Brombeeren

- Butter für die Form
- 300 g Maul- oder Brombeeren (frisch oder TK)
- 1/2 EL Speisestärke
- 500 g Rhabarber (frisch oder TK), in 4 cm lange Stücke geschnitten
- 250 g plus 2 EL Zucker
- 2 EL geriebene frische Ingwerwurzel
- abgeriebene Schale von 1 Bio-Zitrone

Für die Streusel
- 150 g Mehl
- 60 g Zucker
- 1 Prise Salz
- 1 EL gemahlener Zimt
- 100 g kalte Butter

Den Backofen auf 200 °C vorheizen. Eine Form (ca. 1 l Inhalt) mit Butter ausfetten. Die Beeren auf dem Boden der Form verteilen und mit der Speisestärke bestreuen. Die Rhabarberstücke mit 250 g Zucker und dem Ingwer in einen Topf geben. Bei starker Hitze aufkochen und 10–12 Minuten köcheln lassen, bis der Rhabarber zerfallen ist. Vom Herd nehmen.

Für die Streusel das Mehl in einer Schüssel mit Zucker, Salz und Zimt mischen. Die Butter in Stückchen hinzufügen und alles mit den Fingerspitzen zu feinen Streuseln verarbeiten.

Die Rhabarbermischung auf die Beeren gießen und mit der Zitronenschale und 2 EL Zucker bestreuen. Die Streusel gleichmäßig darauf verteilen. Den Crumble im heißen Ofen 20–25 Minuten backen. Heiß mit Schlagsahne und/oder Eiscreme servieren.

 VARIANTE
Die Brom- oder Maulbeeren lassen sich durch andere Beeren wie Heidelbeeren, Himbeeren oder Rote Johannisbeeren ersetzen.

PERFEKT FÜR DIE ALLTAGSKÜCHE: Fisch, Joghurtsauce und neue Kartoffeln. In den nordischen Ländern mag man panierten, in Butter gebratenen Fisch. Hier aber wird der Fisch einfach nur mit Semmelbröseln bedeckt und im Ofen gegart. So bleibt er saftig und sein Geschmack kommt besser zur Geltung. Ein schlichtes, unkompliziertes Familienessen für einen schönen Sommertag.

Für 4–6 Portionen | **Vorbereiten** 35 Min. | **Garen** 30 Min.

KABELJAU
aus dem Ofen mit Dillkartoffeln

- Butter für das Backblech
- 1 kg Kabeljaufilet
- Salz, schwarzer Pfeffer
- 70 g Butter, zerlassen
- 100 g frische Semmelbrösel (aus Weißbrot)
- abgeriebene Schale von 2 Bio-Zitronen
- 3 EL gehackte Petersilie
- 3 Knoblauchzehen
- 1 1/2 EL rosa Pfefferkörner
- Zitronenspalten zum Servieren

Für die Dillkartoffeln
- 750 kleine Frühkartoffeln
- Salz
- 2 EL gehackter Dill
- 40 g Butter

Für die Joghurtsauce
- 100 g Joghurt
- 100 g Crème fraîche
- 2 EL Schnittlauchröllchen
- abgeriebene Schale von 1/2 Bio-Zitrone
- Salz, schwarzer Pfeffer

Den Backofen auf 200 °C vorheizen. Ein Backblech mit Butter ausfetten. Den Fisch in 4–6 gleich große Stücke schneiden, auf das Backblech legen und mit Salz und Pfeffer würzen. Die zerlassene Butter in einer Schüssel mit Semmelbröseln, Zitronenschale, Petersilie und dem geschälten, gehackten Knoblauch vermengen. Die Mischung gleichmäßig auf dem Fisch verteilen.

Die Kartoffeln waschen und 15 Minuten in Salzwasser kochen. In ein Sieb schütten und abtropfen lassen, dann wieder in den Topf geben. Dill und Butter untermischen, bis die Kartoffeln ganz mit Butter überzogen sind. Salzen und zugedeckt 10 Minuten ruhen lassen.

Inzwischen den Fisch im heißen Ofen je nach Dicke 12–15 Minuten garen und alle Zutaten für die Joghurtsauce in einer kleinen Schüssel miteinander verrühren.

Den Fisch mit dem rosa Pfeffer bestreuen. Mit den Dillkartoffeln, der Joghurtsauce und ein paar Zitronenspalten servieren. Dazu passen beispielsweise Blattsalat und Gartenkresse.

IN SKANDINAVIEN GIBT ES DAS GANZE JAHR ÜBER FRISCHEN FISCH in bester Qualität zu kaufen. Während man früher, was die Auswahl der Speisefische anging, eher konservativ war, probiert man heutzutage gern neue Arten. Der Blauleng gehört zu den Fischen, die inzwischen sehr beliebt sind. Seine fettarmen, festen und äußerst schmackhaften Filets eignen sich bestens zum Braten.

Für 4 Portionen | **Vorbereiten** 30 Min. | **Garen** 1 Std.

BLAULENGFILET
mit Blumenkohlpüree, Möhrensauce und Stangenselleriesalat

- 40 g Butter
- 1 Prise Cayennepfeffer
- 800 g Blaulengfilet, in 4 Stücke geschnitten
- Salz

Für das Blumenkohlpüree
- 1/2 Blumenkohl
- 125 ml Milch und Sahne (zu gleichen Teilen)
- 50 g Butter
- Salz, schwarzer Pfeffer

Für die Möhrensauce
- 3 Knoblauchzehen

- 350 ml Möhrensaft
- 1 Lorbeerblatt
- abgeriebene Schale von 1 Bio-Orange
- 1 EL Zitronensaft
- 100 g kalte Butter

Für den Selleriesalat
- 300 g Stangensellerie
- 50 g Rosinen
- 1 Bund glatte Petersilie
- 3 EL Oliven- oder Rapsöl
- 1 EL Apfel- oder Rotweinessig

Für das Blumenkohlpüree den Blumenkohl waschen und in kleine Röschen schneiden. Diese mit der Milch-Sahne--Mischung in einem Topf erhitzen und bei mittlerer Hitze in etwa 30 Minuten weich garen. Den Blumenkohl zu einem Püree zerstampfen, dann die Butter gut unterrühren und das Püree salzen und pfeffern. Warm halten.

Für die Möhrensauce den Knoblauch schälen und zerdrücken. Den Möhrensaft mit Knoblauch, Lorbeerblatt und Orangenschale in einen Topf geben. Aufkochen und bei mittlerer Hitze 15 Minuten offen köcheln lassen. Die Hitze reduzieren. Den Zitronensaft und die Butter in Stückchen unter die Sauce rühren, bis die Butter geschmolzen ist. Die Sauce noch einmal erhitzen, aber nicht kochen lassen, dann warm halten.

Für den Selleriesalat die Selleriestangen putzen, waschen und in dünne Scheiben schneiden. Rosinen und Petersilie ebenfalls grob hacken. Alles mit Öl und Essig in eine Schüssel geben und gut mischen.

Den Backofen auf 100 °C vorheizen. Die Butter in einer heißen Pfanne zerlassen und den Cayennepfeffer hineingeben. Die Fischstücke bei starker Hitze auf jeder Seite 4 Minuten braten. Anschließend in eine ofenfeste Form legen und im Backofen je nach Dicke 4–6 Minuten weitergaren. Den Fisch salzen.

Das Blumenkohlpüree mit dem Fisch auf vier Tellern anrichten. Den Salat daraufgeben und alles mit der Möhrensauce umgießen. Dazu passt gegrilltes Roggenbrot.

 VARIANTEN
Auf diese Weise lässt sich auch Kabeljau zubereiten. Ganz nach Geschmack kann man noch 2 EL gehackte Kapern oder eingelegte Löwenzahnknospen (siehe Seite 66) sowie 100 g entsteinte grüne Oliven (in Scheiben geschnitten) unter den Selleriesalat mischen.

DER WOLFSBARSCH WIRD IN DER SKANDINAVISCHEN KÜCHE SEHR GESCHÄTZT. Sein weißes Filetfleisch kann auf vielerlei Art zubereitet werden. Hier wird es mit einer Algenbutter verfeinert, die eine köstliche Meeresnote beisteuert. Speck sorgt für ein interessantes rauchiges Aroma. Und als Beilage gibt es Gerste, die wie ein Risotto zubereitet wird.

Für 4 Portionen | Vorbereiten 30 Min. **| Garen** 20–25 Min.

WOLFSBARSCH
mit Speck, Algenbutter und Erbsen-Spargel-Gerstotto

- ca. 800 g Wolfsbarschfilet
- 10–12 Scheiben Bacon
- Rapsöl zum Bestreichen
- 12 im Ofen geröstete Kirschtomaten

Für die Algenbutter
- 50 g weiche Butter
- 2 EL Dulseflocken (getrockneter Seetang)
- 2 TL Zitronensaft
- abgeriebene Schale von 1/2 Bio-Zitrone
- schwarzer Pfeffer

Für den Erbsen-Spargel-Gerstotto
- 1 Zwiebel
- 25 g Butter
- 200 g vorgegarte Gerstenkörner
- 500 ml Gemüsebrühe
- 150 ml Weißwein
- 200 g dünne grüne Spargelstangen
- 150 g junge Erbsen

Zuerst den Fisch vorbereiten. Dafür das Wolfsbarschfilet längs halbieren. Für die Algenbutter die Butter mit Dulse und den restlichen Zutaten verkneten. Eine Fischhälfte mit der Algenbutter bestreichen und die zweite Hälfte darauflegen. Den Fisch in vier „Steaks" schneiden. Diese in die Speckscheiben wickeln, den Speck mit Zahnstochern fixieren und mit etwas Öl bestreichen. Den Backofen auf 190 °C vorheizen. Die Röllchen in eine ofenfeste Form geben und im heißen Ofen auf der mittleren Schiene je nach Dicke 18–25 Minuten garen.

Während der Fisch gart, den Gerstotto zubereiten. Die Zwiebel schälen und würfeln. Die Butter in einer Sauteuse zerlassen. Gerste und Zwiebelwürfel darin bei schwacher Hitze ca. 7 Minuten dünsten, bis beides glasig ist. Brühe und Wein nach und nach in den Topf gießen; gelegentlich rühren, bis die Gerstenkörner gar sind (das dauert ca. 20 Minuten).

Inzwischen vom Spargel die Enden abschneiden und die Stangen im unteren Bereich schälen. Acht Stangen beiseitelegen, die restlichen in 3 cm lange Stücke schneiden. Erbsen und Spargelstücke für 2 Minuten in kochendes Wasser geben. Anschließend mit kaltem Wasser abschrecken und behutsam unter den heißen Gerstotto heben.

Die acht Spargelstangen mit Öl bestreichen. In einer Grillpfanne auf jeder Seite 2 Minuten braten. Sobald der Fisch gar ist, den Backofengrill einschalten und die Röllchen noch ca. 2 Minuten rösten, bis der Speck knusprig ist. Auf Tellern anrichten, mit Spargelstangen und gerösteten Tomaten garnieren und heiß mit dem Gerstotto servieren.

 *VARIANTE*
Auf diese Weise können Sie auch Blaueng oder Lumb zubereiten.
Die Dulse lässt sich durch 100 g gehackte entsteinte Kalamata-Oliven ersetzen.

DIESES GRATIN SCHMECKT DER GANZEN FAMILIE und lässt sich beliebig abwandeln. Hier wird Klippfisch mit Kartoffeln, Kräutern und Algen kombiniert. Übrigens: Für das Gericht kann man auch leicht geräucherten Schellfisch verwenden.

Für 4–6 Portionen | Vorbereiten 35 Min. **| Garen** 45 Min.

KLIPPFISCHGRATIN
mit Kartoffeln

- 5 Zwiebeln
- 2–3 rote Chilischoten
- 4 EL gehackte Dulse oder 50 g Sardellen
- 60 g Butter
- 3 EL gehackter Dill
- 3 EL gehackte Petersilie
- Salz, schwarzer Pfeffer

- 100 g Crème fraîche
- 600–650 g Klippfisch, gewässert und gehäutet
- 3 Lorbeerblätter
- 600 g gekochte Kartoffeln
- 250 g Kirschtomaten, möglichst an der Rispe
- Sonnenblumenöl
- 2 EL Schnittlauchröllchen

Die Zwiebeln schälen und würfeln. Chilis und eventuell Sardellen fein hacken. Die Butter in einer Pfanne zerlassen. Die Zwiebeln darin bei mittlerer Hitze braten, bis sie goldbraun sind. Chili, Dulse oder Sardellen sowie Dill und Petersilie untermischen. Das Ganze mit Salz und Pfeffer abschmecken und zum Schluss die Crème fraiche unterrühren.

Inzwischen die Fischstücke mit den Lorbeerblättern in köchelndes Wasser geben und 10 Minuten pochieren.

Den Backofen auf 175 °C vorheizen. Ein Drittel der Zwiebelmischung in einer ofenfesten Form (ca. 27 x 17 cm) verteilen und mit einem Drittel vom Fisch bedecken. Drei Viertel der Kartoffeln in 6–7 mm dicke Scheiben schneiden und die Hälfte davon in die Form legen. Das Schichten zweimal wiederholen. Mit einer Schicht geviertelter Kartoffeln abschließen.

Die Tomaten auf die Kartoffelviertel legen und alles mit etwas Öl beträufeln. Im heißen Ofen etwa 25 Minuten garen. Das Gratin herausnehmen, mit Schnittlauchröllchen bestreuen und sofort mit Brot servieren.

ES IST EINE ALTE ISLÄNDISCHE TRADITION, für das Räuchern von Fleisch und Fisch Schafdung zu verwenden. Er verleiht den Lebensmitteln einen ungewöhnlichen, einzigartigen Geschmack. Es ist nicht ganz einfach, so geräucherte Lebensmittel mit anderen Elementen zu kombinieren, schon gar nicht mit Wein. Dies hier ist ein schmackhafter Salat, der eine komplette Mahlzeit darstellt. Dazu passt ein kühles Bier.

Für 4 Portionen | **Vorbereiten** 25 Min. | **Garen** 35 Min. | **Marinieren** 10–15 Min.

SALAT MIT GURKE,
Roter Bete in Essig und Lachsforelle

- 400 g Salatgurke
- 1 kleine rote Zwiebel
- 250 g geräuchertes Lachsforellenfilet (vorzugsweise über Schafskot geräuchert)
- 50 g Feta
- 1 Handvoll Dillspitzen
- 2 EL gesalzene und pochierte Fischeier (nach Belieben; ersatzweise Forellenkaviar)

- Salz, schwarzer Pfeffer
- 4 EL Oliven- oder Rapsöl

Für die Rote Bete in Essig
- 500 g kleine Rote-Bete-Knollen
- Salz
- 4 EL Sherry- oder anderer Essig
- 2 TL Honig (vorzugsweise aus Island)

Für die Rote Bete in Essig die Knollen in kochendem Salzwasser in etwa 35 Minuten weich garen. Abkühlen lassen, dann in möglichst dünne Scheiben schneiden und in eine Schüssel geben.

Den Essig mit Honig und 1/2 TL Salz zu einer Vinaigrette verrühren. Zur Roten Bete gießen und untermischen. Das Ganze 10–15 Minuten durchziehen lassen.

Inzwischen Gurke und Zwiebel schälen. Die Gurke in dünne Scheiben und die Zwiebel in feine Ringe schneiden. Die Forellenfilets in dünne Scheiben schneiden.

Die Rote Bete auf vier Teller verteilen. Gurke, Zwiebel und Forelle dazu anrichten. Den Feta grob über die Rote Bete bröckeln.

Die Gurkenscheiben mit Dillspitzen und nach Belieben mit pochierten Fischeiern garnieren, mit Salz und Pfeffer würzen und zum Schluss mit Öl beträufeln. Mit gutem Brot genießen.

DIE PIZZA HAT DIE GANZE WELT UND DAMIT AUCH DIE NORDISCHEN LÄNDER EROBERT. Oft verwendet man dort allerdings Weizenvollkorn- oder Roggenmehl für den Teig, damit er herzhafter und nährstoffreicher wird. Hier ist eine beliebte Version, bei der die Pizzaböden mit Räucherlachs, Crème fraîche, Lachskaviar und Blattsalat belegt werden.

Für 4 Pizzas (je 30 cm Ø) | **Vorbereiten** 30 Min. | **Gehen lassen** 1–2 Std. | **Backen** 10–12 Min. pro Pizza

RÄUCHERLACHS-PIZZA

Für den Teig
- 400 g Weizenvollkornmehl
- 1 Päckchen Trockenhefe (7 g)
- 4 EL Lein- oder Hanfsamen
- 2 EL Oliven- oder Rapsöl
- 2 TL Salz

Für den Belag
- 1 rote Zwiebel
- 4 EL Kapern
- 2 EL Oliven- oder Rapsöl
- 2 EL fein gehackte glatte Petersilie
- 100–150 g Frischkäse
- 1 Bio-Zitrone
- 150 g Räucherlachs in dünnen Scheiben
- etwas Blattsalat und Sprossen
- einige Zweige Dill
- 4 EL Crème fraîche
- 2 EL Lachs- oder Seehasenkaviar oder Capelinrogen
- schwarzer Pfeffer

Für den Teig alle Zutaten mit 250 ml Wasser in die Schüssel der Küchenmaschine geben und 1–2 Minuten kneten oder die Zutaten in einer Schüssel mit den Knethaken des Handrührgeräts verkneten, bis sich der Teig vom Schüsselrand löst. Man kann den Teig auch in einer großen Schüssel von Hand kneten. Den Teig zugedeckt bei Raumtemperatur 1–2 Stunden gehen lassen.

Den Backofen auf 250 °C vorheizen. Vier Backbleche mit Backpapier belegen. Den Teig in vier Portionen teilen und jeweils auf einem Backblech zu einem Kreis (30 cm Ø) ausrollen. Die Pizzaböden mehrmals mit einer Gabel einstechen.

Für den Belag die rote Zwiebel schälen und würfeln. Die Kapern grob hacken. Die Zwiebel mit den Kapern im Öl 10 Minuten braten. Die Mischung auf die vier Teigböden verteilen. Die gehackte Petersilie und etwas Frischkäse hinzufügen. Die Pizzas nacheinander ganz unten im heißen Ofen 10-12 Minuten backen.

Von der Zitrone die Schale abreiben und den Saft auspressen. Die Pizzas mit Lachs, Salat und Sprossen, Dill und Zitronenschale belegen und mit Crème fraîche und Kaviar garnieren. Zum Schluss noch einige Tropfen Zitronensaft und etwas schwarzen Pfeffer darübergeben.

VARIANTE
Sie können die Kapern auch durch eingelegte Löwenzahnknospen (siehe Seite 66) ersetzen.

Für 4–6 Portionen | Vorbereiten 15 Min. | Garen 15 Min.

ERBSENSUPPE mit Räucherlachs

- 1 Zwiebel
- 1 EL Öl
- 1 l Hühnerbrühe
- 600 g Erbsen (frisch oder TK)
- 200 g Räucherlachs
- 200 g Crème fraîche
- geriebene Muskatnuss
- Salz, schwarzer Pfeffer
- Dill zum Garnieren

Die Zwiebel schälen und würfeln. Das Öl in einem Topf erhitzen und die Zwiebel darin 6–8 Minuten Farbe annehmen lassen. Die Brühe angießen und aufkochen lassen. Die Erbsen in den Topf geben und 5–7 Minuten garen.

Den Lachs in kleine Würfel schneiden. Den Topf vom Herd nehmen und die Suppe fein pürieren. Den Topf wieder auf den Herd stellen. Crème fraîche und etwas Muskat unter die Suppe mischen.

Die Suppe noch einmal aufkochen, dann auf Gläser oder Teller verteilen. Die Lachswürfel hinzufügen. Die Suppe mit Salz und Pfeffer würzen, mit Dill garnieren und sofort servieren.

Für 4–6 Portionen | Vorbereiten 15 Min. | Garen 15 Min.

SAUERAMPFERSUPPE

- 500 g Sauerampfer
- 1 Zwiebel
- 2 Kartoffeln
- 1 EL Öl
- 1 l Gemüse- oder Hühnerbrühe
- 12 Minzeblätter
- 100 g Crème fraîche
- Salz, Pfeffer

Den Sauerampfer putzen und von groben Stielen befreien. Zwiebel und Kartoffeln schälen und würfeln.

Das Öl in einem Topf erhitzen. Zwiebel und Kartoffeln darin bei mittlerer Hitze 6–8 Minuten braten. Die Brühe angießen und aufkochen lassen. Die Hitze sofort reduzieren. Den Sauerampfer in den Topf geben und die Suppe bei mittlerer Hitze etwa 5 Minuten köcheln lassen.

Vom Herd nehmen und die Minze unterrühren. Den Topfinhalt pürieren, dann die Crème fraîche untermischen und die Suppe erhitzen, aber nicht mehr kochen lassen. Mit Salz und Pfeffer abschmecken.

Für 4–6 Portionen | Vorbereiten 20 Min. | Garen 35 Min.

MÖHREN-ROTE-BETE-SUPPE

- 750 g Möhren
- 200 g Rote Bete
- 2 Zwiebeln
- 1 rote Chilischote
- 6 Wacholderbeeren
- 4 EL Oliven- oder Rapsöl
- 2 Zweige Thymian
- 1 Lorbeerblatt
- 1 1/2 l kräftige Hühnerbrühe
- 1 EL Apfel- oder Rotweinessig
- Salz, schwarzer Pfeffer
- Crème fraîche zum Garnieren

Möhren und Rote Bete schälen. Die Zwiebeln schälen und fein würfeln, die Chilischote fein hacken. Die Wacholderbeeren etwas andrücken.

Das Öl in einem Topf erhitzen und die Wacholderbeeren darin 1 Minute braten. Die Zwiebeln hinzufügen und 10 Minuten mitbraten. Chili, Thymian, Lorbeer, Möhren und Rote Bete hinzufügen. Brühe und Essig untermischen. Alles bei mittlerer Hitze 25 Minuten köcheln lassen.

Lorbeer und Thymian aus der Suppe fischen. Die Suppe im Mixer pürieren. Salzen, pfeffern und mit etwas Crème fraîche garnieren.

*Rezepte
im Jahreslauf*

HERBST - WINTER

ZUM FRÜHSTÜCK GEHÖREN IM NORDEN MÜSLI, Haferbrei, Joghurt oder Buttermilch. Dazu trinkt man Kaffee, vor allem Milchkaffee – Skandinavier sind begeisterte Kaffeetrinker, sie konsumieren ihn in großen Mengen den ganzen Tag lang. Gern greift man morgens aber auch zu abwechslungsreich belegten Broten. Vor allem am Wochenende darf das Frühstück besonders üppig sein, auf dem Tisch stehen dann mehrere Brotsorten, diverse Beläge und Aufstriche und (ganz wichtig!) süßes Gebäck.

Ergibt ca. 725 g Müsli | Vorbereiten 10 Min. **| Garen** 15 Min.

HAUSGEMACHTES MÜSLI

Wer sein Müsli selbst zusammenstellt, kann die Vorlieben der ganzen Familie berücksichtigen. Am besten bereitet man gleich einen Vorrat für die ganze Woche zu.

- 250 g gemischte Nusskerne
- 75 g Sonnenblumenkerne
- 200 g Haferflocken
- 200 g Rosinen, getrocknete Cranberrys, getrocknete Kirschen oder anderes Trockenobst
- 1 EL Zucker

Den Backofen auf 180 °C vorheizen. Die Nüsse grob hacken, dann mit Sonnenblumenkernen und Haferflocken mischen. Die Mischung auf einem Backblech verteilen und im heißen Ofen 15 Minuten rösten, dabei gelegentlich wenden.

Währenddessen das Trockenobst klein hacken. Die geröstete Mischung aus dem Ofen nehmen, Trockenobst und Zucker untermischen und das Müsli abkühlen lassen.

❋ TIPP
Das Müsli in einen fest verschlossenen Behälter geben und kühl und dunkel aufbewahren.

DIE DÄNISCHE KÜCHE BIETET EINE BEEINDRUCKENDE VIELFALT AN SÜSSEM GEBÄCK, oft mit österreichischem Einschlag. Der geht vermutlich auf einen Streik der dänischen Bäcker im Jahr 1840 zurück, als Bäcker aus Wien deren Arbeit übernahmen. Im Anschluss daran passten die Dänen das Wiener Feingebäck ihrem Geschmack an, indem sie es mit mehr Eiern und Butter anreicherten. Süßes Kleingebäck in vielen verschiedenen Größen und Formen ist bei den Dänen äußerst beliebt. Es gibt etliche Varianten, beispielsweise mit Rosinen, Vanillecreme, Konfitüre oder Schokolade, die oft mit Zimt und Kardamom gewürzt sind.

Ergibt 12 Stück I **Vorbereiten** 30 Min. I **Gehen lassen** 3 Std. I **Backen** 15–17 Min.

BRIOCHES mit Vanillecreme

Für den Teig
- 20 g frische Hefe (1/2 Würfel)
- 100 ml lauwarme Milch
- 80 g weiche Butter
- 25 g Zucker
- 1 Ei plus 1 Eigelb
- 1/4 TL Salz
- 1/2 TL gemahlener Kardamom
- 200 g Mehl, mehr zum Arbeiten

Für die Vanillecreme
- 2 Eigelb
- 4 TL Vanillezucker
- 1/2 EL Speisestärke
- 150 ml Milch
- 1 Prise Salz

Für die Garnitur
- 1 Ei
- Beerenkonfitüre oder -gelee nach Geschmack
- Hagelzucker

Für den Teig die Hefe in der lauwarmen Milch auflösen. Die Butter mit dem Zucker in einer Schüssel hell und cremig schlagen. Erst Ei und Eigelb, anschließend Salz und Kardamom und zum Schluss nach und nach das Mehl mit der Hefemilch unterrühren. Den Teig mit den Knethaken 6–7 Minuten durchkneten, dann zugedeckt an einem warmen Platz etwa 1 1/2 Stunden gehen lassen.

Für die Vanillecreme die Eigelbe in einem kleinen Topf mit Vanillezucker, Speisestärke, Milch und Salz verquirlen. Die Mischung bei schwacher Hitze unter ständigem Schlagen etwa 5 Minuten köcheln lassen, bis eine glatte Creme entstanden ist.

Ein Backblech mit Backpapier belegen. Den aufgegangenen Teig auf einer bemehlten Arbeitsfläche behutsam durchkneten. Anschließend zu einer 22–24 cm langen Rolle formen und diese in 12 Scheiben schneiden. Die Scheiben mit reichlich Abstand zueinander auf das Blech legen und mit dem Daumen jeweils eine Mulde hineindrücken. An einem warmen Platze weitere 1 1/2 Stunden gehen lassen.

Den Backofen auf 200 °C vorheizen. In jede Brioche-Mulde etwa 1 EL Vanillecreme geben. Das Ei verquirlen, die Brioches damit bestreichen, dann im heißen Ofen 15–17 Minuten backen, bis sie schön gebräunt sind. Herausnehmen und abkühlen lassen, dann mit je 1 TL Konfitüre oder Gelee garnieren, mit Hagelzucker bestreuen und sofort servieren.

DIESE FINNISCHEN PFANNKUCHEN MIT FEINER KARTOFFELNOTE schmecken mit geräuchertem oder mariniertem Lachs (z. B. Gravad Lax; siehe Seite 128) besonders gut. Am besten munden sie lauwarm. Man kann sie im Voraus zubereiten und vor dem Servieren in einer Pfanne kurz aufwärmen.

Ergibt 8 Stück | Vorbereiten 15 Min. **| Backen** 45 Min.

KARTOFFEL-PFANNKUCHEN aus Finnland

- 400 g mehligkochende Kartoffeln
- Salz
- 120 g Mehl
- 40 g weiche Butter
- 2 1/2 EL Sahne
- 1/2 TL Zucker
- Butter zum Backen (nach Bedarf)

Die Kartoffeln schälen, würfeln und in ca. 15 Minuten in Salzwasser weich kochen. Anschließend zu Püree zerdrücken.

Das Püree in einer Schüssel mit Mehl, Butter, Sahne, Zucker und 1/2 TL Salz zu einem weichen Teig vermengen. Diesen in acht Portionen teilen und jede Portion auf einer bemehlten Arbeitsfläche zu einem 2–3 mm dicken Pfannkuchen ausrollen.

Eine Pfanne mit schwerem Boden erhitzen. Die Pfannkuchen darin nacheinander auf jeder Seite 4 Minuten backen. Falls sie ansetzen, etwas Butter in die Pfanne geben.

URSPRÜNGLICH STAMMT DIESES BERÜHMTE REZEPT AUS SCHWEDEN. Lachs wird in Salz, Zucker, Pfeffer und Dill mariniert. Früher wurde er eingesalzen und dann für mehrere Tage in der Erde vergraben. Heute verpackt man den Lachs in Frischhaltefolie oder einen Gefrierbeutel und legt ihn in den Kühlschrank. Das Salz würzt und „gart" den Fisch und macht ihn länger haltbar. Auf die gleiche Weise kann man Forellenfilets, aber auch Fleisch von Wild, Lamm oder Pferd (siehe Seite 156) zubereiten. Lesen Sie hier, wie aus Lachs ein Festmahl wird.

Für 12–14 Portionen | **Vorbereiten** 30 Min. | **Marinieren** 3 Tage

GRAVAD LAX

- 1 ganzer Lachs (ca. 2,4 kg) oder 2 gleich große Lachsseiten (je ca. 1,2 kg)
- 1–2 Bund Dill oder 25 g getrockneter Dill
- 125 g grobes Salz
- 250 g Zucker
- 30 g weißer Pfeffer, geschrotet
- 2 EL Dillsamen
- abgeriebene Schale von 1 Bio-Orange
- abgeriebene Schale von 2 Bio-Zitronen

Den ganzen Lachs filetieren und mit einer Pinzette sorgfältig entgräten; falls Lachsseiten verwendet werden, diese ebenfalls entgräten. Den frischen Dill grob hacken und in einer Schüssel mit Salz, Zucker, Pfeffer, Dillsamen sowie Orangen- und Zitronenschale mischen.

Ein Stück Frischhaltefolie, das dreimal so lang ist wie ein Filet, auf einer Arbeitsfläche ausbreiten. Ein Viertel der Dillmischung auf der Folie verteilen und ein Filet mit der Hautseite nach unten darauflegen. Die Hälfte der restlichen Mischung auf der Grätenseite verteilen.

Nun das zweite Filet mit der Haut nach oben auflegen. Die restliche Mischung auf der Lachshaut verteilen und den Lachs fest in die Folie wickeln. Das Ganze in eine weitere Lage Frischhaltefolie verpacken.

Das Lachs-Paket auf eine lange Servierplatte legen und mit einem Brett und Gewichten (z. B. vollen Konservendosen) beschweren. Den Fisch im Kühlschrank 3 Tage marinieren, dabei einmal am Tag wenden.

Vor dem Servieren die Filets voneinander trennen und in dünne Scheiben schneiden. Zum Gravad Lax die Dill-Senfsauce servieren.

Für 1 Sauciere | **Vorbereiten** 5 Min. | **Durchziehen lassen** 30 Min.

Dill-Senfsauce

Diese süßsaure Sauce passt perfekt zu Räucherlachs oder Gravad Lax. Wer süße Saucen nicht so gern mag, kann weniger Honig nehmen.

- 200 g Crème fraîche
- 4 EL Mayonnaise
- 2 EL getrockneter Dill
- 2 TL Honig
- 2 EL scharfer Senf
- schwarzer Pfeffer

Alle Zutaten in einer Schüssel mischen und die Sauce etwa 30 Minuten durchziehen lassen.

DAS SCHMACKHAFTE FLEISCH DER HERBSTLÄMMER eignet sich für zahl-lose Zubereitungsarten, doch die Lammstelzen gart man am besten ganz langsam bei niedriger Temperatur. Hier werden sie mit Möhren und Sellerie in Brühe und Bier im Ofen geschmort. Das Fleisch wird dadurch unglaublich zart, das Gemüse weich und die Sauce mild-aromatisch.

Für 4 Portionen | **Vorbereiten** 35 Min. | **Garen** 3 Std.

LAMMSTELZEN mit Wurzelgemüse

- 1 große Zwiebel
- 3 große Möhren
- 1/2 Sellerieknolle
- 3 Selleriestangen
- 300 g Tomaten
- Sonnenblumenöl
- 4 Lammstelzen (je ca. 400 g)
- Salz, schwarzer Pfeffer
- 4 Zweige Thymian

- 1/4 TL Cayennepfeffer
- 1/2 EL Fenchelsamen
- 250 ml Bier (möglichst ein bernsteinfarbenes Lagerbier)
- abgeriebene Schale von 3 Bio-Orangen, mehr zum Bestreuen
- 400 ml Gemüsebrühe
- 1 kleiner Wirsing
- gehackte glatte Petersilie zum Garnieren

Die Zwiebel schälen und würfeln. Möhren und Sellerieknolle schälen und in 1 cm große Würfel schneiden. Die Selleriestangen putzen, waschen und in dünne Scheiben schneiden. Die Tomaten waschen und fein zerkleinern.

Den Backofen auf 160 °C vorheizen. In einem backofenfesten Schmortopf etwas Öl erhitzen. Die Lammstelzen darin rundherum anbraten. Herausnehmen, mit Salz und Pfeffer würzen. Das Gemüse (bis auf die Tomaten) mit 2 EL Öl in den Topf geben. Erst Thymian, Cayennepfeffer und Fenchelsamen, dann Bier, Orangenschale, Tomaten und Brühe hinzufügen. Die Lammstelzen in den Topf geben und im heißen Ofen zugedeckt 2 1/2 Stunden garen.

Den Deckel abnehmen und die Lammstelzen weitere 30 Minuten garen. Den Topf aus dem Ofen nehmen und die Stelzen vor dem Servieren 10 Minuten im Schmorsud ruhen lassen.

Während das Fleisch im Ofen gart, den Wirsing achteln und für 5 Minuten in kochendes Salzwasser geben. Herausheben und 3 Minuten in Eiswasser abschrecken. Gut abtropfen lassen. In einer sehr heißen Pfanne 2 EL Öl erhitzen und die Kohlstücke darin rundherum anbraten.

Die Lammstelzen mit Gemüse, Wirsing und der Sauce anrichten, mit Petersilie und Orangenschale bestreuen und servieren. Dazu passt Kartoffelpüree.

AN EINEM TRÜBEN HERBST- ODER WINTERABEND gibt es kaum etwas Besseres als ein wunderbares heißes Rentierragout mit Wurzelgemüsepüree. Die nördlichen Wälder und Steppen Skandinaviens sind voll mit Rentieren und Elchen, aber auch mit Vögeln und Hasen. Das nährstoffreiche Fleisch dieser Tiere wird auf diverse Arten zubereitet und ist in den nordischen Ländern ein wesenticher Bestandteil der Ernährung. Schmorgerichte wie dieses sind typisch für die finnische Küche. Edlere, zarte Fleischstücke werden wie Steaks gebraten, die zäheren werden zu Ragouts verarbeitet. Dies hier ist ein Beispiel für ein einfaches, schlichtes Gericht mit einer dezenten Wildnote.

Für 4 – 6 Portionen | Vorbereiten 30 Min. **| Garen** 1 1/2 Std. 30 Min. – 2 Std.

RENTIERRAGOUT
mit Wurzelgemüsepüree

- 1 kg Rentier-, Elch- oder Rindfleisch
- 2 EL Mehl
- 1 TL weißer Pfeffer
- 25 g Butter
- 3 Zwiebeln
- 3 Möhren
- 2 Lorbeerblätter
- 8 ganze oder 1/2 TL zerstoßene Pimentbeeren
- 700 ml Rinder- oder Wildbrühe

- Preiselbeerkonfitüre (oder eine andere Beerenkonfitüre) zum Servieren

Für das Wurzelgemüsepüree
- 5 Kartoffeln
- 1 Steckrübe
- 3 Möhren
- Salz
- 40 g Butter
- 3 EL gehackte Petersilie
- Pfeffer

Das Fleisch in 2 cm große Würfel schneiden. Diese erst im Mehl, dann im weißen Pfeffer wenden. Die Hälfte der Butter in einem Schmortopf zerlassen. Die Fleischwürfel darin portionsweise anbraten, dann herausnehmen und in eine Schüssel geben. Etwas Wasser in den Topf gießen und den Bratensatz losschaben. Die Flüssigkeit über das Fleisch gießen.

Die Zwiebeln schälen und würfeln. Die restliche Butter im Topf zerlassen und die Zwiebeln darin 8–10 Minuten braten. Währenddessen die Möhren schälen und in 3 cm große Stücke schneiden. Das Fleisch mitsamt der Flüssigkeit in den Topf geben. Möhren, Lorbeer und Piment hinzufügen. Die Brühe angießen und aufkochen lassen. Das Ragout bei schwacher Hitze 1 Stunde 30 Minuten bis 2 Stunden garen.

Für das Wurzelgemüsepüree Kartoffeln, Steckrübe und Möhren schälen und in kleine Würfel schneiden. Etwa 30 Minuten bevor das Ragout gar ist, die Gemüsewürfel in kochendes Salzwasser geben und 15–20 Minuten darin garen, anschließend abgießen und zerstampfen. Butter und Petersilie unter das Püree heben und das Püree mit Salz und Pfeffer würzen.

Das Ragout mit Wurzelgemüsepüree und Preiselbeerkonfitüre (oder einer anderen Beerenkonfitüre) servieren.

HIER IST EIN KLASSISCHES SCHWEDISCHES WOHLFÜHLGERICHT, das jedes herkömmliche Hacksteak in den Schatten stellt. Seinen Namen verdankt es wohl dem schwedischen Kapitän Henrik Lindström, der in Russland zur Welt kam und aufwuchs. 1862 war er Gast im Hotel Witt im südschwedischen Kalmar. Dort bat er den Koch, ihm nach seinen Anweisungen Zutaten für Hacksteaks, die er Freunde kosten lassen wollte, an den Tisch zu bringen. Lindström mischte, der Koch briet, und das Gericht trägt seitdem den Namen des Erfinders. Mit der Zeit wurde das Biff dermaßen beliebt, dass es zum schwedischen Nationalgericht avancierte – trotz typisch russischer Zutaten wie Kapern, Rote Bete und Zwiebeln.

Für 4 Portionen | Vorbereiten 30 Min. **| Ruhen lassen** 1 Std. **| Garen** 10 Min.

BIFF À LA LINDSTRÖM

- 500 g Rinderhackfleisch
- 3 Eigelb
- 1/2 Zwiebel, gewürfelt
- 2 EL gehackte eingelegte Rote Bete (siehe Seite 61)
- 2 EL grob gehackte Kapern
- 2 EL Rote-Bete-Saft
- Salz, schwarzer Pfeffer
- 3 EL Öl
- Schnittlauch oder Sprossen zum Garnieren (nach Belieben)

Für den Apfelsalat mit Meerrettich
- 2 säuerliche Äpfel
- 1 TL Apfelessig
- 2 EL Mayonnaise
- 2 TL geraspelter Meerrettich
- Salz, schwarzer Pfeffer

Für die Rösti
- 2 Kartoffeln
- 2 EL zerlassene Butter
- 1 Prise Salz

Rinderhackfleisch, Eigelbe, Zwiebel, Rote Bete, Kapern und Rote-Bete-Saft in einer Schüssel behutsam vermischen; mit Salz und Pfeffer würzen. Die Masse in vier Portionen teilen und diese zu 1 cm dicken Laibchen formen. Mit Frischhaltefolie bedecken und bei Raumtemperatur etwa 1 Stunde ruhen lassen.

Inzwischen für den Salat die Äpfel schälen und raspeln. Die Apfelraspel mit den restlichen Zutaten mischen.

Für die Rösti die Kartoffeln schälen und raspeln. Die Raspel mit zerlassener Butter und Salz mischen. Die Mischung etwas ausdrücken, dann vier Rösti daraus formen und diese in einer Pfanne bei mittlerer Hitze auf jeder Seite 5 Minuten braten.

Nun die Hacksteaks fertigstellen. Dafür das Öl in einer hohen Pfanne stark erhitzen. Die Hacksteaks darin auf jeder Seite 4 Minuten braten. Herausnehmen, nach Belieben mit Schnittlauchröllchen und Sprossen garnieren und mit Apfelsalat und Rösti servieren. Dazu passen im Ofen geröstete Tomaten, Sahnemeerrettich und Spiegeleier sowie ein kühles Bier.

IM HERBST KEHREN DIE LÄMMER AUS DEN BERGEN zurück, wo sie den ganzen Tag auf den Wiesen grasen konnten und daheim wartet das frisch geerntete Gemüse darauf, zubereitet zu werden. Es schmeckt nicht nur roh und geraspelt als Salat, sondern vor allem auch in einer Suppe, wenn es mit deftigen Fleischstücken zusammen gegart wird. Die Suppe hier ist erst richtig gut, wenn sie ein-, zweimal aufgewärmt wurde. Es lohnt sich also, gleich mehr davon zu kochen.

Für 4–6 Portionen I Vorbereiten 40 Min. **I Garen** 1 Std. 10 Min.

LAMMFLEISCHSUPPE
auf traditionelle Art

- 1 kleine Zwiebel
- 2 kg Lammfleisch zum Kochen (z. B. Nacken oder Brust)
- 1 EL Salz
- 400 g Möhren
- 500 g Steckrübe
- 400 g Kohlrabi
- 100 g Weißkohl
- 500 g kleine Kartoffeln
- 100 g Gerstengraupen
- weißer Pfeffer

Die Zwiebel schälen und würfeln. Das Fleisch von sichtbarem Fett befreien und in einen großen Topf geben. 2 l Wasser dazugießen. Aufkochen lassen und abschäumen, dann Salz und Zwiebel hinzufügen und das Ganze bei schwacher Hitze zugedeckt etwa 40 Minuten köcheln lassen.

Währenddessen Gemüse und Kartoffeln putzen und waschen. Möhren, Steckrübe und Kohlrabi in große Stücke schneiden, die Kartoffeln halbieren. Den Weißkohl in dünne Streifen schneiden. Gemüse (bis auf den Weißkohl) und Kartoffeln mit den Graupen in den Topf geben und die Suppe weitere 30 Minuten köcheln lassen.

Den Kohl erst 10 Minuten vor Ende der Garzeit in die Suppe geben. Die Suppe mit Salz und Pfeffer abschmecken und sofort servieren.

FISCHSUPPE IST IN DEN NORDISCHEN LÄNDERN SO BELIEBT, dass es zahllose Varianten davon gibt. Die kräftigenden Suppen sind mal klar, mal gebunden und enthalten reichlich Fisch und Gemüse. Die Lachssuppe hier wird mit Petersilie, Lorbeer, Dill und Pfeffer abgerundet, was ihr einen delikaten Geschmack verleiht. Ein Festessen!

Für 6–8 Portionen | **Vorbereiten** 35 Min. | **Garen ca.** 1 Std.

LACHSSUPPE

- 8 Möhren
- 2 Stangen Lauch
- 4 Stangen Sellerie
- 3 EL Öl
- 1 rote Chilischote, gehackt
- 10 schwarze Pfefferkörner
- 6 EL gehackte glatte Petersilie
- 6 EL gehackter Dill
- 6 Lorbeerblätter
- 200 ml Weißwein

- 1,5 kg Lachsköpfe und -gräten
- 2 Fenchelknollen
- Saft von 1/2 Zitrone
- Salz, schwarzer Pfeffer
- 1 kg Lachsfilet ohne Haut

Zum Servieren
- 6–8 EL gehackter Dill
- 6–8 EL Crème fraîche
- 6–8 EL Lachs- oder Forellenkaviar

Für die Brühe vier Möhren und den Lauch putzen und in Scheiben bzw. Ringe schneiden. Die Selleriestangen putzen und würfeln. Das Öl in einem großen Topf erhitzen. Möhren, Lauch und Sellerie darin 10 Minuten braten.

Gehackte Chilischote, Pfefferkörner, Petersilie, Dill, Lorbeer und Weißwein hinzufügen. Lachsköpfe und -gräten waschen und in den Topf geben. Alles aufkochen, dann mit halb aufgelegtem Deckel bei mittlerer Hitze 35–40 Minuten köcheln lassen.

Schaum und Fett mit einem Schaumlöffel von der Oberfläche abheben. Die Brühe durch ein feines Sieb in einen zweiten Topf gießen. Gemüse und Fischköpfe dabei kräftig ausdrücken.

Die vier restlichen Möhren und den Fenchel putzen und in 5 mm dicke Scheiben bzw. Streifen schneiden. In den Topf geben und offen 15 Minuten in der köchelnden Brühe garen. Den Topf vom Herd nehmen. Die Brühe mit Zitronensaft, Salz und Pfeffer würzen.

Das Lachsfilet in 1,5 cm große Würfel schneiden und die rohen Würfel auf die Teller verteilen. Mit der Brühe begießen und die Suppe mit Dill, Crème fraiche und Kaviar garnieren.

WENN IM HERBST DIE WILDGÄNSE MIT IHREN JUNGEN in großen Formationen in wärmere Gefilde ziehen, beginnt auch die Jagdsaison. Wer keine Wildgans bekommt, kann auf eine Bauerngans zurückgreifen. Wildgänse sind kleiner und leichter als ihre domestizierten Verwandten, und ihr Fleisch ist aromatischer. Die Garzeit beträgt etwa 30 Minuten pro Kilogramm.

Für 8–10 Portionen I Vorbereiten 45 Min. **I Garen** 5 Std. 30 Min.

GEFÜLLTE GANS
mit Beerensauce

- 1 küchenfertige Gans (ca. 5 kg; mit Innereien)
- 1 TL Salz
- 2 Zwiebeln
- 3 Selleriestangen
- 1 Fenchelknolle
- 30 g weiche Butter
- 8 Wacholderbeeren, angedrückt
- 20 schwarze Pfefferkörner, geschrotet
- 1,2 l Apfelsaft
- 1 Kräutersträußchen aus Petersilie, Thymian, Rosmarin und Lorbeer

Für die Füllung
- 2 Zwiebeln
- 8 Selleriestangen

- 3 säuerliche Äpfel
- 10 Feigen
- 160 g Butter
- 4 EL gehackte Petersilie
- 1 TL gemahlener Zimt
- Salz, Pfeffer
- 120 g Brötchenwürfel

Für die Sauce
- Garsud von der Gans
- 150 ml Weißwein
- 150 ml Hühnerbrühe
- Speisestärke zum Andicken
- 250 g Heidelbeeren

Den Backofen auf 180 °C vorheizen. Die Gans innen und außen sowie die Innereien (Herz, Nieren, Leber, Magen) waschen und sorgfältig trocken tupfen. Die Gans mit etwas Salz einreiben.

Für die Füllung Zwiebeln schälen, Selleriestangen putzen und beides in dünne Scheiben schneiden. Äpfel schälen und in 1 cm große Würfel schneiden. Feigen vierteln. Die Butter in einer Pfanne zerlassen. Zwiebeln und Sellerie darin 10 Minuten braten, dann Feigen und Äpfel hinzufügen und 8 Minuten mitbraten. Petersilie und Zimt untermischen. Die Füllung kräftig salzen und pfeffern, zum Schluss die Brötchenwürfel unterrühren.

Die Gans füllen, mit Küchengarn zunähen und mit Butter einreiben. Zwiebeln, Sellerie und Fenchel putzen bzw. schälen und in dünne Scheiben schneiden.

Die Gans mit Innereien, Fenchel, Zwiebeln, Sellerie, Wacholder und Pfeffer in einen Bräter oder ein tiefes Backblech geben. Mit Apfelsaft begießen und das Kräutersträußchen unter die Gans schieben. Mit starker Alufolie bedecken und bei 130 °C etwa 4 Stunden und 30 Minuten im Ofen garen, dabei stündlich mit Garsud begießen.

Nach Ablauf der Garzeit die Backofentemperatur auf 220 °C erhöhen. Die Folie entfernen und die Gans in 1 Stunde knusprig werden lassen. Ein Fleischthermometer sollte nach der gesamten Garzeit eine Kerntemperatur von etwa 80 °C anzeigen. Wer keines hat, kann die Gans auch entlang des Brustbeins einschneiden und prüfen, ob das Fleisch am Knochen rosa ist. Die Gans auf eine Servierplatte legen, mit Alufolie bedecken und im ausgeschalteten Ofen warm halten.

Für die Sauce den Garsud in einen Topf gießen; überschüssiges Fett entfernen und den Sud mit dem Gemüse bei starker Hitze auf etwa 400 ml einkochen lassen. Durch ein Spitzsieb in einen zweiten Topf gießen, Wein und Brühe dazugeben. Die Sauce bei starker Hitze 5 Minuten kochen lassen, dann salzen, pfeffern und nach Belieben andicken.

Im letzten Moment die Beeren in die Sauce geben. Die Gans mit der Beerensauce servieren.

AUS GUTEM FLEISCH UND EINFACHEN ZUTATEN lässt sich ohne viel Aufwand eine köstliche Mahlzeit zubereiten. Bei diesem Gericht kommen die Aromen aller Produkte hervorragend zur Geltung – ideal für alle, die gern das Beste genießen, das die Natur zu bieten hat.

Für 4 Portionen I Zubereiten 40 Min. **I Ruhen lassen** 2 Std. **I Garen** 50 Min.

RENTIERSTEAKS,
Möhren aus dem Ofen, Wildsauce

- 1 kg Rentierfilet, in 8 Steaks (je 125 g) geschnitten
- Öl zum Bestreichen
- 4 Zweige Rosmarin oder Wacholder

Für die Möhren aus dem Ofen
- 8–12 Möhren
- 50 g getrocknete Aprikosen
- 200 ml Gemüsebrühe
- 25 g Butter
- 3 EL Honig
- 2 EL Apfelessig
- Salz
- 50 g Walnusskernhälften

Für die Wildsauce
- 40–50 g getrocknete Waldpilze
- 2 Schalotten
- 20 g Butter
- 250 ml Bier (möglichst bernsteinfarbenes Lagerbier)
- 300 ml Wildfond
- 1 Zweig Thymian
- 3 Wacholderbeeren
- 300 g Sahne
- 2 TL rote Johannisbeerkonfitüre
- 2 TL Blauschimmelkäse
- Salz, Pfeffer

Für die Pilze
- 250 g Waldpilze
- 40 g Butter

Die Steaks parieren, mit etwas Öl bestreichen und in eine Schale legen. Rosmarin- oder Wacholderzweige etwas zerkleinern; auf und unter die Steaks geben. Das Fleisch mit Frischhaltefolie bedecken und bei Raumtemperatur 2 Stunden ruhen lassen.

Inzwischen den Backofen auf 180 °C vorheizen. Die Möhren schälen, längs halbieren und in eine ofenfeste Form geben. Aprikosen würfeln. Die Brühe erhitzen und die Aprikosenwürfel hineingeben. Butter, Honig, Essig und Salz hinzufügen. Alles über die Möhren gießen und im heißen Ofen 35–40 Minuten garen, bis die Möhren weich sind. Die Nüsse untermischen und alles weitere 7 Minuten garen. Den Ofen anschließend nicht ausschalten.

Währenddessen für die Wildsauce die getrockneten Pilze fein mahlen. Die Schalotten schälen und würfeln. Die Butter zerlassen und die Schalotten darin bräunen. Bier und Wildfond angießen. Thymian und Wacholderbeeren hinzufügen. Die Flüssigkeit auf die Hälfte einkochen lassen, dann die Mischung durch ein Spitzsieb in einen zweiten Topf passieren. Die Flüssigkeit aufkochen lassen. Pilzpulver und Sahne sowie Konfitüre, Käse, Salz und Pfeffer unterrühren.

Die Backofentemperatur auf 150 °C senken. Eine Pfanne mit schwerem Boden erhitzen. Die Steaks darin mit den Wacholder- oder Rosmarinzweigen auf jeder Seite 2–3 Minuten braten. In eine ofenfeste Form legen und die Steaks noch etwa 6 Minuten im heißen Ofen garen.

Gleichzeitig die frischen Waldpilze säubern und in der Butter bei starker Hitze 4 Minuten braten.

Steaks aus dem Ofen nehmen, mit Alufolie bedecken und 5 Minuten ruhen lassen. Mit Sauce, Möhren und Pilzen auf Tellern anrichten. Dazu passt Blumenkohlpüree (siehe Seite 104).

WENN DIE ERSTEN HERBSTSTÜRME WEHEN, machen sich etliche Skandinavier auf zum Pilzesammeln. In den Wäldern gibt es davon reichlich – die bekanntesten sind Steinpilz, Pfifferling und Semmel-Stoppelpilz. Man schätzt Pilze vor allem wegen ihres Geschmacks und nimmt sie für Suppen, Ragouts, Saucen und vieles mehr. Für das folgende Rezept wird eine Pilzsauce zubereitet und zu einem gebratenen Schweinebauch (flæskesteg) serviert. Eine köstliche dänische Spezialität, die meist am Wochenende genossen wird, weil man dann genug Zeit hat, den Braten in Ruhe garen zu lassen. Reste schmecken kalt sehr gut, beispielsweise als Brotbelag.

Für 6–8 Portionen | Vorbereiten 40 Min. **| Garzeit** 2 Std. 30 Min. – 3 Std.

SCHWEINEBAUCH
auf dänische Art

- 1–2 kg Schweinebauch
- 3 TL Meersalzflocken (Fleur de Sel)
- 2 EL frische Rosmarinnadeln oder
  1–2 TL getrockneter Rosmarin

Für die Kartoffeln
- 16 Kartoffeln
- 7 EL Olivenöl
- 4 EL gehackter Rosmarin
- 2 EL gehackter Thymian
- Salz, Pfeffer

Für die Pilzsauce
- 1 Zwiebel
- 250 g Pilze nach Wahl
- 30 g Butter
- 1 Knoblauchzehe, zerdrückt
- 100 ml Weißwein
- 300 g Sahne
- Salz, schwarzer Pfeffer

Den Backofen auf 140 °C vorheizen. Schwarte und Fettrand des Bratens mit einem scharfen Messer in 5 mm Abständen ein-, aber nicht bis zum Fleisch durchschneiden. In die Einschnitte das Meersalz streuen.

Das Fleisch mit der Schwarte nach unten in eine ofenfeste Form legen und 250 ml kochend heißes Wasser angießen. Den Rosmarin hinzufügen. Den Braten im heißen Ofen etwa 1 Stunde garen, dann wenden und weitere 1 1/2–2 Stunden garen.

Anschließend die Ofentemperatur auf 250 °C erhöhen oder den Backofengrill einschalten. Den Braten im Ofen lassen, bis die Schwarte knusprig ist. Falls sie zu schnell dunkel wird, Alufolie darauflegen.

Die Kartoffeln waschen und ungeschält in 2 mm dicke Scheiben schneiden und auf einem Backblech verteilen. Das Olivenöl mit Kräutern, Salz und Pfeffer verrühren und über die Kartoffelscheiben gießen. 45 Minuten bevor der Braten fertig gegart ist, die Kartoffeln in den Ofen geben; sie sollen goldbraun und knusprig werden.

Inzwischen für die Sauce die Zwiebel schälen und würfeln. Die Pilze putzen und in Scheiben schneiden. Die Butter in einer Pfanne zerlassen. Die Zwiebel darin 5–7 Minuten braten. Knoblauch und Pilze hinzufügen und 3–4 Minuten mitbraten. Den Wein angießen und bei mittlerer Hitze 2–3 Minuten einkochen lassen. Die Sahne unterrühren. Die Sauce bei schwacher Hitze 7 Minuten köcheln lassen; mit Salz und Pfeffer abschmecken.

Den Braten 10 Minuten ruhen lassen, dann in Scheiben schneiden. Mit Kartoffeln und Pilzsauce servieren.

 TIPP
Dazu einen Salat aus Rotkohl, Möhren, Roter Bete, Fenchel sowie Grapefruit- oder Orangenfilets reichen.

DAS EINSALZEN VON FLEISCH IST KINDERLEICHT und das Ergebnis spektakulär. Hier ist ein Grundrezept, mit dem man nach Lust und Laune experimentieren kann. Auf die gleiche Weise lässt sich Lamm-, Hammel- oder Wildfleisch zubereiten. Eingesalzenes Fleisch eignet sich hervorragend als Vorspeise, und zwar am besten mit einer Walnuss- oder Sesamöl-Vinaigrette und geröstetem Brot. Mit grünem Salat und Walnusskernen wird es zu einem leichten Hauptgericht.

Für 4 Portionen | Vorbereiten 20 Min. **| Kühlen** 2–3 Std. plus 24 Std.

PFERDEFILET,
in Salz mariniert

- 350 g Pferdefilet
- grobes Salz

Für die Gewürzmischung
- 1 TL getrockneter Oregano
- 1 TL getrockneter Thymian
- 1 TL getrockneter Rosmarin

- 1 1/2 TL getrockneter Dill
- 1 TL zerdrückte rosa Pfefferkörner
- 1 TL geschroteter schwarzer Pfeffer
- 1 EL Senfkörner
- 1 1/2 EL Dillsamen
- 1 1/2 TL Koriandersamen
- 1 TL Zucker

Das Filet von sichtbarem Fett befreien. Den Boden einer Schale mit grobem Salz bestreuen. Das Fleisch darauflegen und mit weiterem grobem Salz bedecken. Im Kühlschrank je nach Dicke 2–3 Stunden durchziehen lassen. Das Salz mit kaltem Wasser abspülen und das Fleisch mit einem sauberen Geschirrtuch oder Küchenpapier trocken tupfen.

Für die Gewürzmischung Kräuter, Gewürze und Zucker sorgfältig mischen. Die Hälfte der Mischung auf ein 40–50 cm langes Stück Frischhaltefolie verteilen. Das Fleisch darauflegen, mit der restlichen Gewürzmischung bedecken und fest in zwei Lagen Frischhaltefolie wickeln.

Das Filet im Kühlschrank mindestens 24 Stunden marinieren. Zum Servieren in dünne Scheiben schneiden.

IM SÜDEN SKANDINAVIENS WERDEN ZAHLREICHE APFELSORTEN ANGEBAUT und neben Äpfeln bieten die Bauern auch eine Vielzahl von Produkten an wie Apfelsaft oder Apfelwein. Doch der Apfel an sich ist zweifellos das Obst, das in der Küche am meisten verwendet wird. Hier ist ein ungewöhnliches Rezept für eine Apfeltarte mit Marzipan, das fast jeden Kuchen verfeinert. In diesem Fall bildet Marzipan einen schönen Kontrast zu den säuerlichen Äpfeln.

Für 6–8 Portionen | **Vorbereiten** 30 Min. | **Ruhen lassen** 30 Min. | **Backen** 45 Min.

APFELTARTE
mit Marzipan

Für den Teig
- 200 g Mehl, mehr zum Arbeiten
- 1 EL Zucker
- 100 g Butter, mehr für die Form
- 1 Prise Salz
- 1 Ei

Für den Belag
- 100 g Marzipan
- 5 säuerliche Äpfel (z. B. Boskop)
- 100 g Butter, zerlassen
- 4 Eiweiß
- 100 g plus 1 EL feiner Zucker
- 1 Handvoll gehobelte Mandeln

Für den Teig das Mehl von Hand oder in der Küchenmaschine mit Zucker, Butter und Salz zu einem bröseligen Teig verarbeiten. Das Ei hinzufügen und unterkneten, bis ein glatter Teig entstanden ist. Den Teig auf einer bemehlten Arbeitsfläche etwa 1 Minute kneten; sollte er zu trocken sein, etwas Wasser hinzufügen. Zu einer Kugel formen, diese etwas flach drücken, in Frischhaltefolie wickeln und mindestens 30 Minuten kühlen.

Eine Tarteform (24 cm Ø) ausbuttern und mit dem gekühlten Teig auskleiden. Den Teig dabei mit den Fingern sorgfältig andrücken, überstehenden Teig abschneiden. Den Teigboden mit einer Gabel mehrmals einstechen.

Den Backofen auf 180 °C vorheizen. Das Marzipan auf den Teigboden raspeln. Die Äpfel schälen und in eine große Schüssel raspeln. Die Apfelraspel mit der zerlassenen Butter begießen. Die Eiweiße mit 100 g Zucker zu steifem Schnee schlagen und die Hälfte des Eischnees unter die Äpfel heben. Die Baiser-Apfel-Masse auf den mit Marzipan bestreuten Teig verteilen und die Tarte im heißen Ofen 30 Minuten backen.

Anschließend den restlichen Eischnee auf der Tarte verteilen und mit den gehobelten Mandeln bestreuen. Die Tarte weitere 15 Minuten backen, dann aus dem Ofen nehmen und mit 1 EL Zucker bestreuen. Lauwarm servieren. Dazu passt Schlagsahne oder Vanilleeis.

DIESES GESCHICHTETE APFEL-DESSERT IST IN GANZ SKANDINAVIEN BEKANNT UND BELIEBT, und seine Zubereitung ist äußerst unkompliziert. In Norwegen heißt es Tilslørte bondepiker, in Dänemark Bondepige med slør.

Für 4–6 Portionen I **Zubereiten** 50 Min.

VERSCHLEIERTES BAUERNMÄDCHEN

- 100 g Haferflocken
- 100 g Butter
- 1/2 TL gemahlener Zimt
- 3 EL Zucker
- 800 g säuerliche rotschalige Äpfel
- 300 g geschlagene Sahne
- Apfelscheiben zum Garnieren

Den Backofen auf 150 °C vorheizen. Die Haferflocken auf einem Backblech verteilen und im heißen Ofen 12 Minuten rösten. 40 g Butter in einem Topf zerlassen. Haferflocken, Zimt und Zucker untermischen. Unter ständigem Rühren in 4–5 Minuten knusprig und braun werden lassen. Vom Herd nehmen und abkühlen lassen.

Die Äpfel schälen, vierteln, von den Kerngehäusen befreien und in 2 cm große Würfel schneiden. Die restliche Butter (60 g) bei mittlerer Hitze zerlassen. Die Apfelwürfel darin dünsten, bis sie weich sind. Vom Herd nehmen und auf Raumtemperatur abkühlen lassen.

Die Hälfte der Äpfel auf vier bis sechs Gläser verteilen. Die Hälfte der Schlagsahne daraufgeben und mit je 2 EL gerösteten Haferflocken bestreuen. Die restlichen Äpfel und die restliche Sahne in die Gläser schichten. Die Portionen mit den restlichen Haferflocken und mit Apfelscheiben garnieren.

MIT RHABARBERKOMPOTT GEFÜLLTE LUFTIGE BAISERSCHÄLCHEN verbinden Süße und Säure auf wunderbare Weise. Wer gern sehr süß isst, kann das Dessert noch mit etwas Honig beträufeln. Die Eiscreme wird aus Skyr hergestellt, einem isländischen Quark, der vielseitig verwendbar ist und außerdem als sehr gesund gilt.

Für 6–8 Portionen | **Zubereiten** 1 Std. | **Garen** 3 Std. 20 Min. | **Kühlen** 3 Std.

BAISERSCHÄLCHEN
mit Rhabarber und Skyr-Sorbet

Für die Baiserschälchen
- 5 Eiweiß
- 200 g Zucker
- 1/2 TL Vanilleextrakt
- einige Tropfen Weißweinessig

Für das Skyr-Sorbet
- 1 Blatt Gelatine
- 100 g Honig
- 300 g Skyr oder Quark
- 1 EL Zitronensaft

Für das Rhabarberkompott
- 700 g rotfleischiger Rhabarber
- 200 g Zucker
- 1 EL geraspelte Rote Bete (nach Belieben)

Für die Garnitur
- getrocknete oder frische essbare Blüten

Für die Baisers den Backofen auf 120 °C vorheizen. Die Eiweiße mit den Quirlen des Handrührgeräts zu sehr steifem Schnee schlagen. Den Zucker einrieseln lassen und dabei auf niedrigerer Stufe weiterschlagen, bis die Baisermasse glänzt und feste Spitzen bildet. Vanilleextrakt und Essig unter die Masse schlagen.

Die Baisermasse sofort in einen Spritzbeutel füllen. Ein Backblech mit Backpapier belegen und sechs bis acht Kreise (je ca. 10 cm Ø) darauf zeichnen. Die Kreise spiralförmig mit der Baisermasse ausfüllen, dann jeweils einen 4–6 cm hohen Rand aufspritzen. Die Schalen im heißen Ofen 2–3 Stunden backen, bis sie Farbe angenommen haben und getrocknet sind. Herausnehmen und abkühlen lassen.

Für das Sorbet die Gelatine 5 Minuten in kaltem Wasser einweichen. In einem Topf 150 ml Wasser zum Kochen bringen; vom Herd nehmen. Die ausgedrückte Gelatine und den Honig im heißen Wasser auflösen. Etwas abkühlen lassen, dann den Topf in eine Schüssel mit kaltem Wasser setzen. Skyr und Zitronensaft unter die Gelierflüssigkeit schlagen. Die Masse im Kühlschrank auskühlen lassen.

Anschließend die kalte Masse in die Eismaschine füllen und 10–15 Minuten rühren. Alternativ die Masse in einer fest verschlossenen Gefrierbox in 3 Stunden im Tiefkühlgerät fest werden lassen; alle 30 Minuten herausnehmen, durchrühren und wieder einfrieren.

Für das Rhabarberkompott den Backofen auf 200 °C vorheizen. Den Rhabarber waschen und in 1–2 cm lange Stücke schneiden. In eine ofenfeste Form legen und mit dem Zucker bestreuen. Im heißen Ofen 20 Minuten garen. Herausnehmen und lauwarm abkühlen lassen. Nach Belieben die Rote-Bete-Raspel untermischen.

Die Baiserschälchen auf Dessertteller setzen. Den Rhabarber mitsamt dem Saft auf die Schälchen verteilen. Aus dem Sorbet Nocken formen und jeweils neben die Schälchen setzen. Die Portionen mit Blüten garnieren und sofort servieren.

VIELE SKANDINAVIER SIND VERRÜCKT NACH LAKRITZ und nach Leckereien mit süß-salziger Note. Und diese Komposition hier sorgt garantiert für eine Geschmacksexplosion im Mund! Ein recht ausgefallenes Dessert, bei dem die Lakritzeiscreme die Hauptrolle spielt und der luftige Kuchen aus Schokolade und Roter Bete ein geheimnisvolles, ursprüngliches Aroma beisteuert.

Für 6 Portionen I **Vorbereiten** 45 Min. I **Garen** 55–60 Min. I **Gefrieren lassen** 5 Std.

ROTE-BETE-KUCHEN,
Lakritzeiscreme

Für den Rote-Bete-Kuchen
- Butter für die Form
- 90 g Reismehl, mehr für die Form
- 100 g Rote Bete
- 100 g Bitterschokolade (70 % Kakaoanteil)
- 2 Eier
- 100 g Zucker
- 1 TL Vanilleextrakt
- 100 g gemahlene Mandeln
- 1 TL Backpulver
- 1/4 TL Salz

- 125 ml Buttermilch oder Joghurt
- 1/2 TL rote Lebensmittelfarbe (Pulver) oder Rote-Bete-Pulver, nach Belieben mehr zum Garnieren

Für die Lakritzeiscreme
- 125 ml Milch
- 125 g Sahne
- 25 g reines Lakritzpulver (gemahlene Süßholzwurzel; Apotheke oder Gewürzladen), mehr zum Garnieren
- 2 große Eigelb
- 2 EL Zucker

Für den Kuchen den Backofen auf 160 °C vorheizen. Eine ofenfeste Form (25 x 30 cm) buttern und mit etwas Reismehl ausstreuen. Die Rote Bete schälen und fein reiben. Die Schokolade fein hacken. Die Eier mit dem Zucker hell und schaumig schlagen. Erst Rote Bete und Vanilleextrakt, dann Reismehl, Mandeln, Backpulver, Schokolade und Salz untermischen. Zum Schluss Buttermilch oder Joghurt und die Lebensmittelfarbe unterheben. Die Masse in die Form füllen und im heißen Ofen 55–60 Minuten backen. Den Kuchen herausnehmen und vor dem Anschneiden abkühlen lassen.

Für die Lakritzeiscreme die Milch mit der Sahne in einem Topf zum Kochen bringen. Das Lakritzpulver unterrühren. Die Mischung vom Herd nehmen und zugedeckt 10 Minuten ziehen lassen. Inzwischen die Eigelbe mit dem Zucker hell und schaumig schlagen.

Die Milch-Sahne-Mischung aufkochen lassen. Wieder vom Herd nehmen und die Ei-Zucker-Mischung unterrühren. Das Ganze bei schwacher Hitze unter ständigem Rühren eindicken lassen. Vom Herd nehmen und abkühlen lassen. Die Creme in eine Gefrierbox füllen und zugedeckt für etwa 5 Stunden ins Tiefkühlgerät geben. Die Box gelegentlich herausnehmen und die Eiscreme durchschlagen.

Den Kuchen in Stücke schneiden, auf Teller verteilen und nach Belieben mit Sahne und Lebensmittelfarbe bzw. Rote-Bete-Pulver garnieren. Jeweils eine Kugel Eis dazu anrichten, das Eis mit Lakritzpulver bestreuen; sofort servieren.

DIESE ELEGANTE, LEICHTE NACHSPEISE IST DER IDEALE ABSCHLUSS EINES ÜPPIGEN MENÜS. Die Schlagsahne macht die Mousse süß und cremig und mildert die Säure. Ein Rezept für Zitronenmousse ist etwas, das in Dänemark von Generation zu Generation weitergegeben wird.

Für 6–8 Portionen | **Zubereiten** 20 Min. | **Kühlen** 3 Std.

ZITRONENMOUSSE
aus Dänemark

Für die Zitronenmousse
- 3 Blatt Gelatine
- 4 Eier
- 100 g Zucker
- 2 Bio-Zitronen
- 200 g sehr kalte Sahne

Für das Zitronengelee
- 3 Blatt Gelatine
- 100 ml Zitronensaft
- 75 g Zucker
- junge Tannenadeln und essbare Blüten
  zum Garnieren

Für die Zitronenmousse die Gelatine in kaltem Wasser einweichen. Die Eier trennen. Die Eigelbe mit dem Zucker schaumig schlagen. Die Eiweiße zu sehr steifem Schnee schlagen.

Von den Zitronen die Schale abreiben und den Saft auspressen. Die Gelatine ausdrücken und in einer Schüssel in 3 EL heißem Wasser auflösen. Zitronensaft und -schale unterrühren.

Die Sahne steif schlagen. Erst den Eischnee und die Eigelbcreme, dann die Gelatinemischung gründlich unterheben. Die Mousse auf sechs bis acht Gläser verteilen und im Kühlschrank in etwa 3 Stunden fest werden lassen.

Für das Zitronengelee die Gelatine in etwas Wasser einweichen. Den Zitronensaft mit dem Zucker und 2 EL Wasser in einen Topf geben und zum Kochen bringen. Die ausgedrückte Gelatine in der Flüssigkeit auflösen. Die Mischung in eine flache Form gießen und im Kühlschrank fest werden lassen. Das Gelee in kleine Würfel schneiden.

Zum Servieren die Mousse mit den Geleewürfelchen und nach Belieben mit jungen Tannenadeln und getrockneten essbaren Blüten garnieren.

❄ VARIANTE
Man kann auch Mousse und Gelee abwechselnd in eine große Schüssel schichten.

IN ALLEN SKANDINAVISCHEN LÄNDERN IST WEIHNACHTEN EIN
BEDEUTENDES FAMILIENFEST, *das auf die gleiche Art gefeiert wird und alle
Generationen um eine festliche Tafel versammelt. Jede Familie hat zwar ihre eigenen
Rituale, doch die Gerichte ähneln sich in den nordischen Ländern durchaus.
Die Festlichkeiten beginnen am ersten Adventssonntag, also vier Wochen vor Weihnachten. In dieser Zeit wird das ganze Haus geputzt und anschließend mit Tannen-
zweigen, Girlanden und Kerzen geschmückt. Gemeinsam werden allerlei Kekse
und anderes süßes Gebäck gebacken. Vor Weihnachten oder zwischen Weihnachten
und Neujahr organisiert man gern ein Weihnachtsbüfett für Freunde, Kollegen oder
die Familie. Die Tische biegen sich unter geräuchertem oder luftgetrocknetem
Schinken, Hering, Räucherlachs, Gravad Lax, eingelegtem Gemüse, Wurzelgemüse
aus dem Ofen, Milchreis, Konfitüren und weiteren Köstlichkeiten. Das eigentliche
Weihnachtsmahl findet am Abend des 24. Dezember statt.*

Für 8 Portionen I Zubereiten 20 Min.

GLÜHWEIN mit Schuss

*An kalten Winterabenden tut ein heißer, gewürzter Glühwein so richtig gut. In den skandinavischen Ländern, ins-
besondere in Schweden, hat dies eine lange Tradition. Vor allem in der Weihnachtszeit trifft man sich mit Freunden
zu Glögg (Glühwein) und Gewürzplätzchen. Wer keinen Wein trinken möchte, bekommt mit Orangensaft gemischten
Traubensaft gereicht.*

- 1 Bio-Orange
- 2 TL geriebene frische Ingwerwurzel
- 2 TL gemahlener Kardamom
- 1/2 TL gemahlener Koriander
- 1/2 TL gemahlene Fenchelsamen
- 1/2 TL frisch gemahlene Gewürznelke
- 1 TL gemahlener Zimt
- 750 ml Rotwein
- 250 ml Portwein

- 125 ml Aquavit oder Wodka
- 2 EL Zucker
- 40 g Rosinen
- 50 g gehobelte Mandeln

Für die Garnitur
- in feine Streifen geschnittene Schale von 1 Bio-Orange
- 8 Zimtstangen
- 4 Vanilleschoten, längs halbiert

Die Orange in dünne Scheiben schneiden. Diese mit den Gewürzen und 350 ml heißem Wasser in einen Topf
geben. 7 Minuten köcheln lassen, dann vom Herd nehmen und 15 Minuten ziehen lassen.

Ein feines Sieb auf einen zweiten Topf setzen und die Mischung hineingießen. Die Flüssigkeit aufkochen lassen.
Rotwein, Portwein, Aquavit oder Wodka sowie Zucker, Rosinen und Mandeln hinzufügen. Die Mischung nicht
erneut zum Kochen bringen!

Den Glühwein in hitzebeständige Gläser füllen, nach Belieben mit Orangenschale sowie je einer Zimtstange und
einer halben Vanilleschote garnieren und sofort servieren.

*Vor Weihnachten wird viel Zeit mit dem Backen von Keksen und anderen Leckereien verbracht, wobei die Kinder tüchtig mithelfen. In Schweden – und inzwischen auch in Norwegen und Finnland – stellt man anlässlich des Luciafests, das am 13. Dezember gefeiert wird, ein Safrangebäck namens **lussekatter** her. An diesem Tag wird einem jungen Mädchen ein Lichterkranz auf den Kopf gesetzt. Es leitet dann einen Umzug durch die Straßen, während das traditionelle Lucialied gesungen wird. Das Fest findet zu Ehren der Heiligen Lucia von Syrakus statt, um die sich viele Legenden ranken. So heißt es, das junge Mädchen aus gutem Haus habe seine Verlobung gelöst, um Christus zu dienen und sein Vermögen den Armen zu geben. Der Verlassene soll ihr aus Wut über den Verrat die Augen ausgestochen haben. Einer anderen Version nach hat Lucia sich selbst die Augen herausgerissen. Die Lussekatter sind geformt wie Augen, Rosinen stellen die Pupillen dar. Kerzen bringen Licht und Wärme in die kalte, dunkle Zeit. Einem heidnischen Mythos zufolge suchen im Dezember, um die Wintersonnenwende herum, Riesen, Elfen, Kobolde und Trolle die Menschen heim. Um sich zu schützen, zünden die Menschen Kerzen an und singen. Das Luciafest vereint heidnische und christliche Einflüsse. Nach der Messe trifft man sich, um sich an Lussekatter zu laben und dazu Kaffee zu trinken.*

Ergibt 36 Stück | Vorbereiten 40 Min. | Ruhen lassen 1 Std. 30 Min. | Backzeit 12–14 Min.

LUCIAKATZEN
(Lussekatter)

- 100 g Butter
- 500 ml Milch
- 1 g gemahlener Safran
- 1 TL Salz
- 2 Päckchen Trockenhefe (14 g)

- 250 g Quark
- 150 g Zucker
- 2 Eier
- 1 kg Mehl
- Rosinen

Die Butter zerlassen und in eine große Rührschüssel geben. Die Milch hinzufügen; die Mischung soll lauwarm sein. Den Safran mit dem Salz etwas zerdrücken und zur Milch geben. Die Hefe unterrühren, dann nach und nach Quark, Zucker, 1 Ei und das Mehl untermischen. Den Teig kneten, bis er glatt und elastisch ist. Mit einem Tuch bedecken und 1 Stunde gehen lassen.

Den Teig auf einer bemehlten Arbeitsfläche noch einmal durchkneten, dann in 36 gleich große Stücke teilen. Jedes Stück mit den Händen zu einer etwa 25 cm langen Rolle formen. Diese s-förmig zusammenlegen und die Enden einrollen. In jede Rundung eine Rosine drücken.

Ein Backblech mit Backpapier belegen. Die Lussekatter daraufsetzen, mit Frischhaltefolie zudecken und 30 Minuten gehen lassen.

Den Backofen auf 225 °C vorheizen. Das zweite Ei verquirlen und das Gebäck damit bestreichen. Die Lussekatter im heißen Ofen (Mitte) 12–14 Minuten backen. Herausnehmen und vor dem Servieren abkühlen lassen.

> *FESTE WIE WEIHNACHTEN sind eine gute Gelegenheit, sich mit Freunden und Familie um eine reich gedeckte Tafel zu versammeln. Oft wird traditionell tagsüber eine große Mahlzeit mit vielen Beilagen gegessen und das Dessert erst nach dem Öffnen der Geschenke. Neuerdings jedoch liegt der Fokus mehr auf leichteren, kleineren Mahlzeiten wie Vorspeisen und Salaten. Diese Lachskörbchen und der marinierte Heilbutt sind köstliche Beispiele dafür und passen zu vielen Anlässen.*

Ergibt 16 Körbchen | Zubereiten 45 Min.

LACHSKÖRBCHEN

- 16 Scheiben Toastbrot
- Oliven- oder Rapsöl zum Bestreichen
- Schnittlauchröllchen zum Garnieren

Für den Lachssalat
- 100 g Räucherlachs
- 3 Frühlingszwiebeln oder 1 Bund Schnittlauch
- 5 EL Schmand
- 5 EL Skyr oder griechischer Joghurt
- 1 TL abgeriebene Bio-Zitronenschale

- 1/2 TL Zitronensaft
- Salz, Pfeffer

Außerdem
- Ausstechförmchen (7 cm Ø)
- Nudelholz
- Backpinsel
- 16 Muffinformen
- Spritzbeutel

Den Backofen auf 180 °C vorheizen. Für die Lachskörbchen mit dem Ausstechförmchen aus den Brotscheiben 16 Kreise ausstechen und diese mit dem Nudelholz flach rollen. Mit Öl bestreichen und in die ausgefetteten Muffinformen drücken. Im heißen Ofen 11–15 Minuten backen, bis die Brotkörbchen gebräunt und trocken sind. Herausnehmen und abkühlen lassen.

Währenddessen den Räucherlachs in dünne Streifen schneiden. Frühlingszwiebeln oder Schnittlauch putzen und hacken. Den Schmand in einer Schüssel mit Skyr oder Joghurt, Lachs, Zitronenschale und -saft sowie Frühlingszwiebeln bzw. Schnittlauch verrühren. Die Mischung salzen, pfeffern, in einen Spritzbeutel füllen und in die Körbchen spritzen. Die Körbchen mit Schnittlauchröllchen garnieren.

Für 8–10 Portionen | Zubereiten 15 Min. **| Kühlen** 1–2 Std.

MARINIERTER HEILBUTT

- 600 g Heilbuttfilet
- 1 Bio-Zitrone
- 2 Bio-Limetten
- 1–2 rote Chilischoten
- 2 EL gehackter Dill

- 4 EL Olivenöl
- Salz, Pfeffer
- Dill und Zitronenschale zum Garnieren

Das Heilbuttfilet in kleine Stücke schneiden und in eine Schüssel geben. Die Schale von Zitrone und Limetten dazureiben. Die Früchte auspressen und den Saft ebenfalls in die Schüssel geben. Chilischote entkernen und fein hacken. Mit Dill, Olivenöl, Salz und Pfeffer hinzufügen und alles sorgfältig mischen. Kalt stellen und 1–2 Stunden durchziehen lassen.

Den Heilbutt auf kleine Gläser verteilen, mit Dill und Zitronenschale garnieren und sofort servieren.

GEPÖKELTES UND GERÄUCHERTES sind in den skandinavischen Ländern sehr beliebt – Weihnachten ohne den berühmten Weihnachtsschinken zu begehen, ist unvorstellbar. Für diese Spezialität benötigt man einen kleinen frisch gepökelten oder geräucherten Schinken. Pökeln ist eine einfache Möglichkeit, Fleisch einen kräftigen Geschmack zu verleihen. Für das Rezept hier können Sie auch frische (ungepökelte, ungeräucherte) Schweinelende verwenden.

Für 6–8 Portionen | Vorbereiten 25 Min. **| Garen** 55–75 Min. **| Ruhen lassen** 30 Min.

WEIHNACHTS-SCHINKEN
mit Senf-Johannisbeer-Glasur und Madeirasauce

- ca. 3 kg gepökelter oder geräucherter Schinken mit Knochen (oder knapp 2 kg entbeinter, gerollter Schinken)
- 3 Zwiebeln
- 6 Lorbeerblätter
- 4 Zweige Rosmarin
- 12 Gewürznelken
- 16 Wacholderbeeren, angedrückt

Für die Glasur
- 3 EL Senf
- 350 g rote Johannisbeerkonfitüre

- 100 g Butter, zerlassen
- 200 g Semmelbrösel
- 1 TL gemahlener Zimt
- 30 Gewürznelken

Für die Madeirasauce
- 20 g Butter
- 2 EL Mehl
- 500 ml Schinkengarsud oder Hühnerbrühe
- 150 ml Madeira oder Portwein
- 200 g Kochsahne (15% Fett)
- dunkler Saucenbinder

Den Schinken in einen großen Topf legen und mit kaltem Wasser bedecken. Die Zwiebeln schälen und würfeln und mit den restlichen Zutaten zum Schinken in den Topf geben. Das Wasser langsam zum Kochen bringen. Einen entbeinten Schinken bei schwacher Hitze mindestens 55 Minuten, einen Schinken mit Knochen etwa 75 Minuten garen. Topf vom Herd nehmen und den Schinken 15 Minuten im Sud ruhen lassen. Inzwischen den Backofen auf 250 °C vorheizen.

Für die Glasur den Senf in einer Schüssel mit Konfitüre, Butter, Bröseln und Zimt mischen. Den Schinken mit etwas Wasser in ein tiefes Backblech legen. In regelmäßigen Abständen mit den Gewürznelken spicken, dann mit der Glasur bestreichen. Im heißen Ofen (Mitte) 10–15 Minuten garen. Die Glasur darf nicht verbrennen; falls sie zu schnell bräunt, den Schinken mit Alufolie bedecken. Den Schinken herausnehmen und vor dem Tranchieren möglichst 10–15 Minuten ruhen lassen.

Für die Madeirasauce die Butter in einem großen Topf zerlassen. Das Mehl darin unter ständigem Rühren mit einem Kochlöffel bräunen lassen. Unter ständigem Rühren 500 ml Schinkensud (oder Brühe) dazugießen. Madeira (oder Portwein) und Sahne untermischen. Die Sauce 5–8 Minuten köcheln lassen, dann nach Belieben binden.

❄ TIPP
Man kann die Sauce noch mit dem Fleischsaft verfeinern, der sich beim Braten des Schinkens gebildet hat.

*AUF DEM TRADITIONELLEN SCHWEDISCHEN WEIHNACHTSBÜFETT, dem **julbord**, darf dieser saftige Auflauf auf keinen Fall fehlen. Doch auch in anderen nordischen Ländern isst man ihn gern. Die Sprotte (Sprattus sprattus) ist ein kleiner Fisch, der einem jungen Hering ähnlich sieht, aber zur Familie der Sardellen gehört. Ersatzweise können Sie für dieses Gericht Sardellen verwenden.*

Für 6–8 Portionen I Vorbereiten 30 Min. **I Garen** 40–50 Min.

JANSSONS VERSUCHUNG (Janssons frestelse)

- 3 Zwiebeln
- 1 Dose fermentierte Sprotten (Ansjovis) oder Sardellenfilets (50–60 g)
- 30 g Butter
- Salz
- 1,2 kg Kartoffeln

- schwarzer Pfeffer
- 1 EL Zitronenthymian (nach Belieben)
- 400 g Sahne
- 200 ml Milch
- 5 EL Semmelbrösel (vorzugsweise selbst gemacht)

Den Backofen auf 200 °C vorheizen. Zwiebeln schälen und in dünne Ringe schneiden. Sprotten oder Sardellen zerkleinern. Butter in einem großen Topf zerlassen. Die Zwiebeln darin mit 1 Prise Salz 10–14 Minuten braten. Sprotten bzw. Sardellen hinzufügen und 3 Minuten mitbraten; vom Herd nehmen. Kartoffeln schälen und in 5 mm dicke Stifte oder 3 mm dicke Scheiben schneiden.

Etwa die Hälfte der Zwiebel-Fisch-Mischung auf dem Boden einer Auflaufform verteilen. Salzen, pfeffern und nach Belieben mit der Hälfte der leicht angedrückten Zitronenthymianblätter bestreuen. Die Hälfte der Kartoffeln und die restliche Zwiebelmischung daraufgeben. Mit den restlichen Kartoffeln bedecken und diese nach Belieben mit dem restlichen Thymian bestreuen.

Sahne und Milch zusammen erhitzen; in die Form gießen. Den Auflauf mit Semmelbröseln bestreuen und im heißen Ofen 40–50 Minuten garen, bis die Kartoffeln weich sind. Sofort servieren.

Für 6–8 Portionen I Vorbereiten 30 Min. **I Garen** 1 Std. 45 Min.

SÜSSSAURER ROTKOHL

Eine schlichte Beilage, die in den nordischen Ländern zu vielen klassischen Gerichten gereicht wird.

- 800 g Rotkohl
- 50 g Butter
- 3 EL rotes Johannisbeergelee
- 3 EL Rotweinessig
- Schale und Saft von 1 Bio-Orange

- 200 ml Port- oder Rotwein
- 2 EL Zucker (falls Rotwein verwendet wird)
- Salz, schwarzer Pfeffer
- 100 g Rosinen (nach Belieben)

Den Backofen auf 160 °C vorheizen. Kohl waschen, trocken reiben und in feine Streifen schneiden. Butter in einem großen Topf zerlassen, den Kohl untermischen. Das Gelee dazugeben, dann Essig, Orangenschale und -saft, Portwein (oder Rotwein und Zucker) sowie Salz und Pfeffer hinzufügen. Das Ganze in eine ofenfeste Form füllen, mit Alufolie bedecken und im heißen Ofen 1 Stunde garen. Die Folie entfernen und nach Belieben die Rosinen zum Kohl geben. Den Rotkohl im Ofen weitere 45 Minuten garen; sofort servieren.

HIER IST EINE MIT SAHNE ANGEREICHERTE FESTLICHE VARIANTE vom klassischen Milchreis, denn in Dänemark und Island gehört Milchreis zu Weihnachten einfach dazu. Es ist Brauch, einen ganzen Mandelkern im Reis zu verstecken. Wer ihn findet, bekommt ein kleines Geschenk. Klassischer Milchreis wird in vielen skandinavischen Familien gegessen. Üblicherweise wird er mit Zimtzucker, Kirsch- oder Beerenkompott und Butter verfeinert.

Für 6–8 Portionen | Vorbereiten 30 Min. **| Garen** 30–35 Min.

WEIHNACHTS-MILCHREIS

- 500 ml Milch
- 1/2 TL Salz
- 200 g Rundkornreis
- 3–5 EL Zucker
- 350 g Sahne
- 1–2 TL Vanilleextrakt
- 1 Mandelkern
- gehobelte Mandeln zum Garnieren
- Kirschkonfitüre oder -kompott

Milch und Salz mit 500 ml Wasser in einen Topf geben und den Reis hinzufügen. Aufkochen, dann bei mittlerer Hitze unter gelegentlichem Rühren 30–35 Minuten köcheln lassen – es darf nichts anbrennen! Vom Herd nehmen und den Zucker untermischen. Den Milchreis in eine Schüssel umfüllen und auskühlen lassen.

Die Sahne steif schlagen und unter den Reis heben. Die Speise mit Vanille abschmecken. Den Mandelkern im Milchreis verstecken. Die gehobelten Mandeln in einer Pfanne ohne Fett goldgelb rösten.

Den Milchreis mit Kirschkonfitüre oder -kompott und den Mandeln garnieren und in der Schüssel auf den Tisch stellen. Jeder bedient sich selbst – und hofft, die versteckte Mandel zu erwischen.

·)) REZEPTREGISTER ((·

·)) ❀ ((·

⇥ **REZEPTREGISTER** ⇤

⇥ REZEPTREGISTER NACH ZUTATEN ⇤

⇥ ❁ ⇤

-» REZEPTREGISTER NACH ZUTATEN «-

E

F

-») REZEPTREGISTER NACH ZUTATEN «(-

-») ❀ «(-

→) REZEPTREGISTER NACH ZUTATEN (←

→) ✺ (←

-» REZEPTREGISTER NACH ZUTATEN «-

-》 REZEPTREGISTER NACH ZUTATEN 《-

-》 ❀ 《-

-)) REZEPTREGISTER NACH ZUTATEN ((-

-)) ✿ ((-

⤜») REZEPTREGISTER NACH ZUTATEN («⤛

⤜») ❀ («⤛

⇥ REZEPTREGISTER NACH ZUTATEN ⇤

⇥ ❀ ⇤

-» REZEPTREGISTER NACH ZUTATEN «-

-» ❀ «-

Die Originalausgabe ist 2015 unter dem Titel „La Cuisine Scandinave" erschienen bei

© 2015 Hachette-Livre (Hachette Pratique)
Texte © Gísli Egill Hrafnsson und Inga Elsa Bergborsdottir
Fotos © Gísli Egill Hrafnsson

Copyright der deutschen Übersetzung © 2017 Gräfe und Unzer Verlag GmbH, München
Alle Rechte vorbehalten. Nachdruck, auch auszugsweise, sowie die Verbreitung durch
Film, Funk, Fernsehen und Internet, durch fotomechanische Wiedergabe, Tonträger und
Datenverarbeitungssysteme jeglicher Art nur mit schriftlicher Genehmigung des Verlages.

Projektleitung: Claudia Bruckmann
Übersetzung: Regine Brams, Stein im Jauntal (Österreich)
Lektorat: Cornelia Klaeger, München
Korrektorat: Petra Bachmann, München
Satz: Regina Rechter, München
Herstellung: Markus Plötz

1. Auflage 2017

ISBN 978-3-8338-5930-4
www.graefeundunzer-verlag.de

 www.facebook.com/gu.verlag

GRÄFE
UND
UNZER

Ein Unternehmen der
GANSKE VERLAGSGRUPPE